LA FAIM, LA BAGNOLE,
LE BLÉ ET NOUS

DU MÊME AUTEUR

Pesticides. Révélations sur un scandale français, avec François Veillerette, Fayard, 2007.

Yancuic le valeureux, Sarbacane, 2007.

La France sauvage racontée aux enfants, Sarbacane, 2005.

L'Auvergne en ballon, Icare, 1999.

Le Tour de France d'un écologiste, Seuil, 1993.

Jours sang, Fleuve noir, 1987.

Fabrice Nicolino

La faim, la bagnole, le blé et nous

Une dénonciation des biocarburants

Fayard

Rendez-vous à l'adresse
http://fabrice.nicolino.com/biocarburants/index.php

ISBN 978-2-213-63462-3

Ce livre est dédié, avec la complicité de Prévert, à ceux qui ont le pain quotidien relativement hebdomadaire.

L'agriculture ne sert plus à nourrir les populations, mais à produire des devises.

Robert Linhart (1980).

Y esa injusticia no puede seguir.

Ramón Carratalá.

¡ Cuántos siglos de aceituna,
los pies y las manos presos,
sol a sol y luna a luna,
pesan sobre vuestros huesos !

Miguel Hernández.

Qui si muore gridando : «Assassini !
maledetti sarete un dì. »

O Gorizia.

Préambule

Des nouvelles du monde réellement existant

Vont-ils encore gagner la partie et imposer au monde les biocarburants, arme de guerre et de mort ? Vont-ils réussir leur coup ? Parviendront-ils à leur but éternel, qui est de trouver, quoi qu'il en coûte, quoi qu'il en soit, au-delà de toute considération humaine, un débouché à leurs ineptes productions ? Ce n'est pas seulement possible, c'est hélas probable. Car, en vérité, on ne voit guère comment on pourrait encore contrarier leur folle volonté de puissance et de profit.

Voudrez-vous néanmoins me suivre jusqu'au bout de ce petit brûlot ? Sait-on jamais… Il est à craindre, en tout cas, que personne ne vous dira ce que je vous écris. Pour commencer, il existe sur cette terre des gens audacieux et raisonnablement intelligents qui ont changé le cours de l'histoire sans le crier sur les toits. Ils n'ont pas inventé la guerre mondiale, non. Ni l'atome. Ni la Kolyma. Ni le grand massacre nazi. Ni les guerres coloniales. Ni l'*American* – et l'*European* – *way of life*.

Ces ingénieux ingénieurs ont capturé le destin de l'homme en changeant les règles de l'agriculture. Certes, vous pouvez comme tant d'autres vous en foutre résolument. Une civilisation aussi brillante que celle du Net et du téléphone portable a-t-elle encore besoin de sols fertiles et de récoltes, de soleil et de grains germant en chœur au bon moment ?

Mais vous pouvez aussi ouvrir les yeux et les oreilles. La concurrence entre des *aliens* cousus d'or et de machines – ceux du Midwest, ceux de la Beauce – et les gueux de toujours, la houe sur l'épaule, est en train de tuer l'idée même d'une perspective humaine. Bien sûr, il se trouvera de fins critiques pour juger extravagante cette idée affreuse. Ne raccrochez pas trop vite, ne refermez pas le livre. Car deux civilisations paysannes plurimillénaires, qui sont la colonne vertébrale du monde réel, sont en train de verser dans le néant. Il s'agit de la Chine, bien sûr, et de l'Inde, évidemment.

Il se joue là-bas une histoire qui nous coûtera les yeux de la tête. La tête, peut-être. Et aucun des faussaires – marchands, publicitaires, journalistes et plumitifs de cour, omniprésents – ne sera là à l'heure des comptes. Pour rendre compte, précisément, de ces innombrables séances de propagande au cours desquelles ils auront prétendu que la Chine et l'Inde « décollent », fût-ce en détruisant au passage telle ou telle de nos vieilles et prestigieuses industries.

La vérité, impossible probablement à saisir dans sa globalité, dans sa réalité profonde, est clairement aux antipodes. Le marché mondial disloque sans seulement y penser les structures qui permettaient à environ deux milliards d'êtres de penser leur (pauvre) vie sur terre, et de la réaliser. La Chine connaît le plus vaste exode de toute l'histoire de l'humanité, et nul ou presque ne vous en parle. Est-ce bien normal ? On a forgé là-bas un terme spécifique pour désigner ces dizaines et bientôt ces centaines de millions de vagabonds, de chemineaux chassés de leur terre, de leur village, de leurs arpents, et qui ne disposeront jamais, à vue humaine, du moindre havre digne d'être défendu contre l'adversité. On les appelle des *mingong*. Retenez ce mot, car il désignera une époque. Fatalement.

En Inde, le même mouvement, ralenti par une bureaucratie plus rétive qu'en Chine et par un cadre politique finalement plus protecteur que l'infâme maoïsme, conduit au même résultat. Ces deux pays approchent à pas cadencés d'un krach écologique au regard duquel celui, économique, de 1929 fera figure de pique-nique gâché par un coup de vent. Leur structure physique, leur géographie essentielle, leurs fleuves et rivières, leurs sols et forêts, leur air sont atteints d'une maladie atroce et jusque-là inconnue. Appelons-la, faute de mieux, affaissement.

Nul ne peut croire réellement à de telles informations. Elles sont non seulement insupportables, mais dépassent en outre la capacité des humains à se projeter dans un avenir qui ne soit pas celui des individus. Or ces derniers refusent de toutes leurs forces l'idée du malheur, espérant souvent contre l'évidence que les choses finiront par s'arranger. On sait bien que les limites physiques – l'eau, l'air, le sol, et donc les récoltes – finiront par s'imposer à tout projet humain, quel qu'il soit. Mais le déni, puissant moteur et adjuvant, est une protection nécessaire et parfois vitale. Le déni reste plus puissant que la raison, cette sotte.

Dans cette Chine, dans cette Inde qui s'affaissent, la population continue pourtant d'augmenter, ainsi que ses exigences matérielles, dopées par l'image unitaire et bientôt unique venue du Nord via les réseaux de tous ordres. L'agronome américain Lester Brown a écrit en 1995 un livre de prospective écologique implacable, non traduit en français. Son titre ? *Who Will Feed China ?* Oui, qui nourrira donc l'immense population chinoise, au bout du compte ? Certainement pas la Chine.

Le ministre chinois de l'Environnement, Pan Yue, a donné en 2005 une interview exceptionnelle à l'hebdomadaire allemand *Der Spiegel*. À ma connaissance, aucun journal français n'a repris ce texte puissant. Pan Yue y décrit la Chine réelle, qui n'a rien à voir avec les reportages à la gloire de la destruction de Shanghai et de Canton. Selon lui, le « miracle économique » chinois « finira bientôt parce que l'environnement ne peut plus suivre. Les pluies acides tombent sur un tiers du territoire, la moitié de l'eau de nos sept plus grands fleuves est totalement inutilisable». Pas grave, n'est-ce pas? D'autant qu'il ajoute : «Nos matières premières sont rares, nous n'avons pas assez de terres, et notre population se développe encore. Actuellement, il y a 1,3 milliard d'habitants en Chine, deux fois plus qu'il y a cinquante ans. En 2020, nous serons 1,5 milliard. Les villes se développent en même temps que le désert gagne» [1].

Brown, de son côté, dans son livre de 1995, montrait ce que pourrait donner, sur fond de croissance démentielle – nous y sommes –, le changement de régime alimentaire des Chinois. Comme on s'en doute, ils mangeront toujours plus de viande et d'œufs, boiront davantage de bière, etc. Ce qui implique évidemment, n'en déplaise aux oublieux, la production d'énormes quantités de céréales supplémentaires. Ainsi, rappelait Brown, obtenir 1 tonne de poulet nécessite 2 tonnes de céréales, et il en faut deux fois plus pour le même poids de porc. À l'horizon 2030, la Chine se verrait obligée d'importer entre 200 et 369 millions de tonnes de céréales chaque année. Bien plus, en toute hypothèse, que ne pourrait alors en offrir le marché mondial.

Sans compter que l'infernale crise du climat pèsera chaque année davantage sur le volume de céréales produit. Car, ainsi qu'on commence à l'admettre, le coup est bel et bien parti. L'avenir prévisible du monde est aux pénuries alimentaires, et plus certainement encore aux famines de masse. Il n'empêche que le propos général, dans notre réduit climatisé de Paris-Londres-New York, est que le futur de l'économie, et donc des hommes, se cache dans les buildings des mégapoles chinoises. Et en effet, d'ailleurs, c'est bien là qu'il se trouve, sauf que nous ne parlons pas du même.

1. *Der Spiegel*, 7 mars 2005.

Chapitre 1

Une si belle idée visqueuse

Un grand rêve stupide : rouler avec de l'huile végétale, récupérée dans le champ d'à côté. Les pionniers des biocarburants ont des noms sublimes : Rudolf Diesel ou Henry Ford. Leurs successeurs s'appellent George W. Bush ou Arnold Schwarzenegger. Un point commun, peut-être ?

Le mot est déjà un mensonge. S'il avait fallu dire la vérité, on attendrait toujours, et en vain, les vivats. On aurait dû imaginer un terme qui dise l'infrastructure industrielle indispensable à la chose. Qui rappelle l'usage constant d'engrais et de pesticides pour la fabriquer. Qui permette de faire le lien certain entre l'automobile individuelle et la faim. On aurait pu nommer cela, en première approximation, « nécrocarburants ». Car *nekros*, de toute éternité, c'est la mort. Et c'est bien pourquoi on préféra la falsification, et ce terme insupportable de « biocarburants ». Car enfin, car voyons, il faut bien vivre, non ?

Cela n'étonnera personne, le précurseur est un ingénieur. Disons l'un des précurseurs, pour ne fâcher personne. En tout cas, le co-inventeur du moteur à explosion, Nikolaus Otto, utilisait de l'éthanol dès la fin du XIXe siècle pour faire rouler ses engins. C'est-à-dire un alcool tiré de la fermentation de plantes sucrières ou de céréales.

Et les autres ont suivi. Pas n'importe quels autres. Je me contenterai de citer Henry Ford, l'âme de nos sociétés modernes, ce héraut du taylorisme qui disait l'essentiel dès 1906 : « Il y a de l'essence dans toute matière végétale qui peut être fermentée. » La preuve par l'illustrissime Ford T, qui roulait elle aussi, on l'a oublié, à l'éthanol. Quant à son compère Rudolf Diesel, dont on ne présente plus la si belle trouvaille, il se voulait prophète, et il l'était. En 1912, il proclamait en effet : « L'usage des huiles végétales comme carburant automobile est de nos jours insignifiant. Mais, à l'avenir, ces huiles pourraient devenir aussi importantes que le pétrole ou le charbon aujourd'hui. » Diesel utilisait volontiers de l'huile d'arachide pour faire fonctionner ses moteurs révolutionnaires.

Départ en fanfare, donc, mais retraite presque immédiate. Car même si, en 1936, la France consomme 400 millions de litres de bioéthanol par an, le pétrole a déjà gagné la partie. Il est partout, il ne coûte rien, il est d'une efficacité énergétique parfaite. Rideau jusqu'en 1973, date de la première secousse pétrolière.

Dès cette époque, rapports et analyses s'entassent sur les bureaux ministériels. Va-t-on assister à une première flambée des biocarburants ? Non. Car le contre-choc pétrolier de 1986 rend l'or noir de nouveau disponible, à un coût grotesque. Tout changera pour de bon, aux États-Unis en tout cas, après les attentats de septembre 2001. L'Amérique ne peut plus, ne doit plus dépendre à ce point des champs de pétrole lointains. Et, du reste, les vrais connaisseurs des questions énergétiques savent depuis des lustres que le temps du pétrole bon marché est définitivement révolu. La perspective du *peak oil*, le pic de Hubbert, est l'horizon certain : il y aura bientôt, si ce n'est pas déjà le cas, davantage de pétrole consommé que de pétrole à consommer. Inutile de décrire l'effet d'un tel événement sur le cours du brut à long terme.

Notons tout de suite que septembre 2001 a été un point de rencontre parfait entre deux exigences cruciales. D'un côté, l'éternel cauchemar de l'agriculture industrielle : trouver des marchés solvables. En Europe comme aux États-Unis, ce nouveau monstre, dopé par les subventions, perpétuellement renforcé par les machines, les engrais et les pesticides, cherchait en vain à écouler ses gigantesques productions. De l'autre, les appareils étatiques et militaires – surtout ces derniers – qui tentaient depuis beau temps de desserrer l'étau des importations pétrolières, cette pression permanente sur la conduite des affaires. En ce sens, 2001 a sans aucun doute créé un effet d'aubaine. Le pouvoir politique disposait enfin d'une excellente raison, démontrable devant les caméras, pour voler au secours de la puissance industrielle. En cette époque déjà lointaine, on n'avait apparemment pas encore pensé à *inventer*, purement et simplement. On le fit peu après, à propos des ADM, ces armes de destruction massive invisibles qui permirent d'entrer en Irak.

DE L'HUILE, DU SUCRE ET DE L'ALCOOL

À l'entrée du IIIe millénaire, en bref, le Nord est prêt à investir massivement dans les biocarburants. Mais de quoi parle-t-on au juste ? De trois filières essentielles : l'alcool, les huiles, les esters. Pour le premier, c'est simple comme bonjour. Vous prenez des pommes de terre, du bois, de la paille, de la canne à sucre, de la betterave à sucre, du blé, du maïs, etc. Vous obtenez par la fermentation de leur sucre, de leur amidon ou de leur cellulose, selon les cas, un éthanol. Celui-ci pourra être ajouté dans des proportions variables à l'essence des moteurs.

Les huiles sont également d'excellents carburants, qu'elles soient d'ailleurs végétales – dans l'immense majorité des cas – ou animales. Oui, on peut éventuellement rouler à l'animal. Début avril 2007, deux nobles entreprises américaines, ConocoPhillips et Tyson Foods, ont annoncé une alliance stratégique pour la production d'un diesel à base de graisse animale. Prévoir environ 2 bœufs ou 16 cochons pour obtenir un baril de 160 litres de diesel. En France, le groupe Saria Bio-Industries investit 20 millions d'euros dans une usine qui devrait ouvrir ses portes en 2008 au Havre. Des graisses animales provenant de l'équarrissage permettront d'obtenir du diesel et de la glycérine. Comme on dit parfois, toute ressemblance avec autre chose ne serait que pure coïncidence.

Mais parlons plutôt des huiles végétales. On peut en obtenir par simple pression de colza, de tournesol, de palme, de soja, d'arachide, etc. Par exemple, 1 tonne de graines de colza donnera bien volontiers 0,3 tonne d'huile, ou plutôt de biocarburant. Ces mêmes huiles peuvent être mélangées – variante – avec un alcool et produire alors un ester, connu en France sous son nom commercial : Diester. Notre grandiose champion Alain Prost en a longtemps fait la promotion, nullement gratuite. Preuve de son efficacité, à l'automne 2006 il a été nommé responsable d'un groupe de travail par Thierry Breton, alors ministre de l'Économie et des pompes à huiles végétales. Noter qu'ester (méthyle) est synonyme de biodiesel. L'affaire fait intervenir de nombreux vocables parfois difficiles à démêler.

On comprendra chemin faisant qui soutient la noble action qui consiste à changer des végétaux en combustibles. Et pourquoi, bien sûr. Mais foin du suspense : des lobbies surpuissants, appuyés sur le triomphe de l'agriculture industrielle après 1945 en Occident, ont gagné une première manche, peut-être décisive. En Amérique – le Brésil n'est pas absent – et en Europe, des États devenus vassaux des intérêts marchands mettent toutes les forces disponibles dans la balance pour imposer au plus vite l'usage des biocarburants. Je vous dirai plus loin les avantages qu'ils y trouvent, que nous y trouvons tous.

Il faut à ce stade comprendre l'état d'esprit général. Par exemple, George Bush, dans son discours sur l'état de l'Union de janvier 2006, a déclaré que son pays devrait se passer de 75 % du pétrole issu du Proche-Orient d'ici 2025. La Suède souhaite atteindre l'indépendance énergétique en 2020. La Commission européenne, quant à elle, a exigé dans un premier temps que les pays membres ajoutent dans l'essence au moins 5,75 % de biocarburants en 2010 seulement – demain, donc. Mais, à cause de traînards, elle s'est ravisée en février 2006, envisageant de prendre des mesures contraignantes autour de sept axes prioritaires que je vous épargne volontiers. En revanche, vous aurez droit aux morceaux de bravoure de deux grands bureaucrates européens, datant de février 2006 eux aussi. « C'est l'occasion ou jamais de marquer des points dans le dossier des biocarburants », a ainsi annoncé Mariann Fischer Boel, membre de la Commission chargée de l'agriculture et du développement rural, ajoutant aussitôt : « Les matières premières pour la production de biocarburants constituent également un nouveau débouché potentiel pour les agriculteurs européens, auxquels la réforme de la PAC a donné les moyens de devenir de véritables entrepreneurs. » Le mot qui frappe et qui tue est bien entendu « entrepreneurs ».

De son côté, Louis Michel, membre de la Commission chargé du développement, a redit son amour pour les pays du Sud. Pas pour leurs peuples, ne nous égarons pas : « De nombreux pays en développement se trouvent tout naturellement en position favorable pour la production de matières premières utiles à la fabrication de biocarburants, en particulier ceux dont le secteur sucrier est traditionnellement important. Le marché communautaire des biocarburants actuellement en pleine expansion leur offrira de nouvelles possibilités d'exportation. Grâce à l'aide au transfert de connaissances et au développement de leur potentiel commercial, l'UE les aidera à exploiter au mieux cette possibilité. »

UNE MULTIPLICATION PAR DIX

Telle est notre belle Europe. Il faudra, il faudrait s'en souvenir. Au-delà, si l'on regarde les volumes tels qu'estimés par l'Agence internationale de l'énergie dans une étude prospective, et à condition de prendre le temps, la tête tourne fatalement. Car la consommation mondiale de biocarburants pourrait passer de 15,5 millions de tonnes en 2004, dont 6,4 pour le seul Brésil et 6,8 pour les États-Unis, à 146,7 millions en 2030.

Ces chiffres appellent de multiples commentaires. Quelle est la production humaine dont le volume peut être multiplié par dix en seulement vingt-cinq ans ? En dehors des biocarburants, je n'en vois guère. Pas les céréales alimentaires, en tout cas, je le gage. En 2004, hier, deux pays assuraient à eux seuls près de 90 % du tout : le Brésil et les États-Unis. On ne cultivait aucun – aucun – biocarburant en Afrique, en Inde, en Indonésie, en Chine, en Russie, au Moyen-Orient. Aucun, aucun, aucun. Et on en trouvait 2 misérables millions de tonnes dans toute l'Union européenne. Autrement exprimé, et comme vous le savez déjà, du reste, nous vivons une révolution de l'agriculture mondiale. Une de plus.

En un quart de siècle, l'Inde pourrait passer de rien à 4,5 millions de tonnes. La Chine de rien à 13,5 millions de tonnes. Ces deux pays organisant en même temps, avec ferveur, comme je l'ai écrit, la destruction de leur civilisation paysanne. M'appuyant sur des chiffres officiels [1], je note que la surface cultivée disponible par habitant en Chine est de 0,09 hectare. Relisons ensemble. La Chine compte 122 millions d'hectares de terres agricoles et 1,3 milliard d'habitants. Soit 900 mètres carrés par personne. Certes, il existe une marge entre surface agricole cultivée et surface arable. Mais la saine croissance détruit ces terres par milliers d'hectares

1. http://french.china.org.cn/china/txt/2006-10/18/content_2266977.htm.

chaque semaine qui passe. De 1996 à 2004, la Chine a perdu, en moyenne, 950 000 hectares de terres cultivées par an. Qui songerait à dire mieux ? L'Inde, peut-être.

L'Union européenne, partant de 2 millions, devrait produire d'ici un peu plus de vingt ans 35,6 millions de tonnes de biocarburants. Et les États-Unis, maîtres de l'univers, 42,9 millions, alors qu'ils ne dépassent pas les 7 aujourd'hui. Pour en arriver là, il faudra détruire comme jamais en si peu de temps.

Mais il faut être un sacré grincheux pour oser écrire des choses pareilles quand le soleil – vert – éternel brille sur les plages de Malibu, Californie. On me pardonnera cette courte incursion dans ce qui pourrait être, déjà, une conclusion. Vous connaissez sûrement Arnold Schwarzenegger, Schwarzie pour ses nombreux intimes. Cet acteur est devenu le gouverneur d'un des plus grands États d'Amérique, la Californie. C'est un républicain qui guigne du côté des démocrates, dans cette partie du monde où il fait si bon être *cool*. Une sorte de Sarkozy bodybuildé. Bon. Nous n'avons guère de leçons à donner.

Ce brave garçon a engagé la Californie – contre la volonté du président Bush, ferme sur les valeurs pétrolières de ses amis – dans une politique dérisoire mais réelle de lutte contre le réchauffement climatique. Ce que certains, dont je suis, considèrent comme une pure foutaise. Quoi qu'il en soit, les biocarburants ont donné à Schwarzie l'occasion de livrer le fond de sa pensée en public.

L'événement se déroule le 12 avril 2007 à l'université de Georgetown, lors d'un colloque sur le réchauffement climatique. Nul n'aurait su trouver meilleur endroit. S'adressant aux écologistes, il les exhorte ce jour-là à se débarrasser de leur vilaine image de rabat-joie. Car, et voici la grande nouvelle, les biocarburants sont en marche ! D'où cet appel : « Le mouvement pour l'environnement a trop longtemps été dominé par la culpabilité. » Laquelle ? « Vous savez bien de quelle culpabilité je parle : celle de ces cheminées crachant la pollution tout en alimentant nos jacuzzis, nos télés grand écran et, dans mon cas, mes avions privés.» Oui, Schwarzenegger pilote volontiers, et il ne souhaite pas calculer son empreinte écologique. Il déprimerait, ce malheureux.

Mais le petit père Schwarzie est un homme de combat, qui n'aime rien tant que la victoire. En rase campagne, avec une déroute totale pour le nigaud qui a osé défier le guerrier. La suite du discours est donc très éclairante.

Hip and sexy

Car Schwarzie en arrive à sa grande contribution au débat planétaire : les écologistes doivent selon lui devenir *hip and sexy*. On se passera de traduction. L'honnête homme en a marre de ces empêcheurs de montrer ses muscles en public. Marre de ces interdits, marre de ces absurdes règlements, marre des incursions de l'État dans l'existence si belle, si riche des gens si beaux, si riches. Pas question, évidemment, de modifier ce mode de vie difficilement conquis par les pionniers, nos pères.

Or, et voilà le sublime, les biocarburants prouvent que la technologie est la réponse aux émissions de gaz à effet de serre. C'est cela ou bien subir, comme Schwarzie le dit, sourire aux lèvres, *«the lives of Buddhist monks in Tibet»*. Or qu'y a-t-il de plus lamentable que la vie des moines bouddhistes du Tibet ?

«Nous n'avons pas à nous débarrasser des 4x4 ou de quoi que ce soit de ce genre, insiste le gouverneur, parce que cette voie est celle de l'échec. Nous devons au contraire rendre ces voitures plus "musclées" sur le plan environnemental.»

De la sorte, tout pourrait changer. *«Like bodybuilders, the environmentalists were thought of as kind of weird fanatics also. You know the kind of serious tree huggers. Environmen-*

talists were no fun. They were like prohibitionists at the fraternity party. » Je vous résume. Les écologistes ont une image de cinglés qui adorent étreindre les arbres, ils sont comme des prohibitionnistes dans une soirée d'étudiants.

Mais s'ils écoutent les conseils avisés du prophète, l'écologie fera comme le bodybuilding, qui, grâce entre autres à Schwarzie, est devenu *hip*. Oui, mes frères, *« it became mainstream, it became sexy, attractive. And this is exactly what has to happen with the environmental movement »*. Eh oui, le bodybuilding est devenu sexy, et c'est ce qui arrivera peut-être aux écologistes. S'ils consentent à regarder les choses en face.

Et à rouler dans un 4×4 géant propulsé au maïs, *« which could cut its greenhouse gas emissions in half »*. Qui pourrait ainsi diviser par deux ses émissions de gaz à effet de serre. L'estimation de Schwarzie, je le précise pour ne pas créer de malentendu, est bouffonne. Mais nous y reviendrons.

Je quitte ici notre excellent ami, que nous retrouverons, car il le vaut bien. Ajoutons simplement que la Californie est une aberration. Un défi de l'homme adressé à la terre, à l'eau, à l'agriculture. À Dieu, qui sait ? Ce pays n'aurait jamais dû exister, du moins de la sorte, car il s'agit d'un désert. Disons d'un semi-désert. Je renvoie au chef-d'œuvre non traduit de Marc Reisner, *Cadillac Desert*, qui raconte par le menu comment de prestigieuses administrations américaines se sont entre-tuées pour apporter l'eau partout où elle n'était pas. À coups de canaux, de barrages, grâce à cette technologie chère au cœur de Schwarzenegger. Sans elle, pas de Los Angeles. On voit ce qu'on a gagné. Sans elle, sans une irrigation aussi massive que folle, pas d'esclaves chicanos dans les exploitations agricoles de la vaste et noble Californie. En attendant le grand tremblement de terre qui réglera les questions en suspens, l'agriculture y produit massivement. Intensivement. Et chez nous, au fait, que s'est-il passé ?

Chapitre 2

Quand tout devait disparaître à jamais

En quelques années, après 1945, les fermes deviennent des hangars, les campagnes de vastes complexes industriels, et les paysans des ouvriers livrés aux contremaîtres et à la machine. Cela s'appelle le progrès. Ou encore la modernité. Prière de se prosterner.

Chez nous, donc. L'agriculture. Au sortir de la Seconde Guerre mondiale, un monstre a surgi, malgré l'authentique Libération née de la mort du fascisme. Nul ne l'a clairement voulu ni désiré, mais il a pourtant étendu son ombre et abattu ses griffes sur l'Europe percluse de 1945. En quelques années seulement, l'agriculture est devenue chez nous une industrie.

Avec des usines dispersées sur tout le territoire, des ouvriers soumis, des armées de commerciaux et de contremaîtres, des matières premières et des bourses, des prix et des coûts, des *traders* et des *losers*. Avec des patrons invisibles et inconnus, insaisissables en tout cas. Et, bien sûr, liant le tout, un formidable marché où s'approvisionneraient des foules, des peuples, des nations d'automates, poussés dans les bonnes rangées à coup de réclames, de jingles, de spots, de placards et de clips. Qui dira jamais le poids d'un imaginaire social manipulé ?

En 1945, pourtant, mais on ne refait pas l'histoire, un pays comme la France avait ses chances. Il disposait d'une jeunesse ardente, d'intellectuels sincères, dont un petit nombre avait affronté la Bête les armes à la main, d'une classe politique en partie neuve, d'un accord assez général sur la nécessité de contrôler l'argent et l'économie.

Mais il y avait le reste. D'abord, cette surpuissance du parti stalinien. Outre leur abjecte soumission à l'autorité suprême, les amis de Thorez et Duclos étaient également scientistes, défenseurs militants de l'industrie lourde, des barrages, des nuages toxiques, du travail aliéné, de l'arasement des montagnes. Ils deviendraient vite les promoteurs, y compris immobiliers, de riantes contrées connues jusqu'à nos jours sous les noms de Bobigny, La Courneuve, Bagnolet, Montreuil.

Or ces gens surveillaient et « dirigeaient » l'essentiel de la classe ouvrière, grâce à la CGT, et n'imaginaient d'autre avenir pour la paysannerie que sa disparition pure et simple. Le paysan d'antan devait devenir, de gré ou de force, un prolétaire. Entrer au plus vite dans ces structures appelées ailleurs kolkhozes ou sovkhozes, dotées d'une solide hiérarchie, où le patron imposerait enfin la loi de l'État aux rebelles semences de blé, d'orge et de seigle, ainsi qu'aux poules et aux canards.

Les autres partis baignaient dans des eaux surchargées de visions simples qui rejoignaient en fait, quelque part vers le lointain, l'imagerie stalinienne. Il fallait une France forte, moderne, industrielle autant qu'industrieuse, des hauts fourneaux d'où coulerait l'acier en fusion, des champs tirés au cordeau, de lourdes machines multipliant par dix, puis par cent, enfin par mille, les ridicules rendements des malheureux paysans aux pieds encore pris dans la gadoue du Moyen Âge. Les socialistes de la SFIO, les démocrates-chrétiens du MRP, le général de Gaulle, bien sûr, tous ressentaient avec délices la nécessité de s'en remettre à la mécanique, à cette incroyable puissance mécanique déployée par l'armée américaine sur les champs de bataille européens.

« ON NE PEUT PAS ÊTRE CONTRE LES MACHINES »

Je n'oublie pas en route le paradoxe. Sans cette puissance de feu évoquée par de Gaulle dès son discours de juin 1940, sans l'industrialisation accélérée de l'Amérique, sans ses entrepôts géants, sans ses usines mastodontes, sans cette machine de guerre et de production jamais vue encore dans l'histoire, Hitler aurait peut-être vaincu. Sans le char lourd venu de Pittsburgh ou de Detroit, et qui précédait de bien peu le tracteur, notre liberté serait peut-être morte pour mille ans. Et je préfère ne pas évoquer le reste, dont la première lettre serait le A d'Auschwitz.

Cette vision industrielle et technique de la vie fut d'autant mieux accueillie qu'elle était déjà dans les cerveaux fertiles de ceux que nul n'appelait encore les technocrates. La crise mortelle de la démocratie avait chamboulé bien des esprits. Dès les années trente, nombre de nos grands ingénieurs et polytechniciens rêvaient d'un monde dirigé par eux, les grands connaisseurs des rouages. Ceux qui savaient, ceux qui ne perdaient pas de temps dans les jeux et discussions publics que les pires dans leurs rangs appelaient la « démocrassouille ».

On veut l'oublier, mais les planistes de Henri de Man, les néosocialistes de Marcel Déat et quantité de hauts fonctionnaires rêvaient à haute voix d'un État tenu par les techniciens et les planificateurs. Beaucoup se perdirent dans la collaboration, mais pas tous. Il s'en faut. La reconstruction en France, qui lança l'agriculture dans cette « modernisation » permanente, a reposé sur les mêmes principes. Des hommes dotés d'une superbe vision stratégique prendraient les rênes. Ils jetteraient les bases d'un pays enfin rajeuni, doté d'un Plan, d'un Commissariat à l'énergie atomique (CEA), d'une grande Électricité de France (EDF), d'une forte École nationale de l'administration (ENA). Et bien sûr d'un indiscutable Institut national de la recherche agronomique (Inra). Hélas, ces stratèges étaient des aveugles. Hélas, ils n'étaient que les agents d'un principe destructeur entre tous, celui de l'expansion sans fin. Et bientôt sans but.

Sans eux, sans les grands corps qui assuraient et assurent toujours l'ossature administrative et technique de notre pays, la révolution complète de l'agriculture eût été plus lente, et probablement réversible. Mais il était écrit que rien n'arrêterait la machine. Écoutez plutôt ce cri du cœur somptueux autant qu'angoissant lancé en 1950 par René Colson, alors secrétaire général de la Jeunesse agricole catholique (JAC). Ardent défenseur de la destruction radicale de la paysannerie, sans en avoir le moins du monde conscience, il souffle : « On ne peut pas être contre les machines ! »

Et, en effet, comment être contre « ça » ? La France de ces années-là est confrontée pour la première fois de son histoire à un typhon tropical, à un cyclone, à un formidable ouragan. C'est une image, mais elle dit exactement ce que je souhaite dire. Je suis ici en l'excellente compagnie de l'historien Fernand Braudel. À la fin de sa vie, dans *L'Identité de la France*, il écrit cette phrase extraordinaire : « Le chambardement de la France paysanne est, à mes yeux, le spectacle qui l'emporte sur tous les autres, dans la France d'hier et, plus encore, d'aujourd'hui. » Et il ajoute ces mots renversants, que je fais miens sans fausse pudeur : « La population a lâché pied, laissant tout en place, comme on évacue en temps de guerre une position que l'on ne peut plus tenir. »

Nulle région n'échappe à ce *Blitzkrieg* inattendu, la Bretagne moins que toute autre. Elle est en effet, aux yeux des modernisateurs, plongée dans l'arriération. Partout, d'immenses étendues de lande. Et d'une lande inculte, laissée aux animaux et à la cueillette, comme au Néolithique. Insupportable, non ?

Alentour, dans les hameaux et villages, c'est presque pire : des centaines de milliers de paysans à peu près autarciques, qui n'achètent encore rien chez Leclerc, soignent des champs dérisoires abrités par des haies, bordés de talus boisés, délimités par des chemins creux, où l'on marche à pied, au rythme des bœufs et des mulets, comme en 1232 ou en 1649.

Les Bretons sont malheureux, qui attendent les nitrates, les voies express, les supermarchés et les marées vertes. Mais le bonheur est parfois aussi simple qu'une révolution complète des paysages. En une trentaine d'années, des dizaines, des centaines de milliers de kilomètres de talus boisés seront arrachés dans cette seule région. Deux cent quatre-vingt mille kilomètres peut-être, selon la principale estimation sérieuse existante, avancée par le professeur Jean-Claude Lefeuvre. Je crains que vous n'imaginiez mal l'ampleur de la chose, tout comme moi, je le confesse.

Adieu à l'Adour, adieu aux Corbières

Tout doit disparaître, et tout disparaît pour de vrai. Surtout à la suite de la loi d'orientation agricole du 5 août 1960. Tandis que s'évanouit à jamais le bocage, espace cohérent de production et de culture, au sens anthropologique du terme, un nouveau pays naît. Économistes et politiques, ingénieurs et techniciens, marchands de tracteurs et vendeurs de pesticides décident ensemble, mais sans nous, qu'il faut réunir les champs – c'est le remembrement –, les agrandir pour laisser circuler de lourds engins, et propulser les Bretons aux chapeaux ronds dans le monde merveilleux du lisier de cochon. Ce qu'on appellera le miracle breton.

Le même mouvement est conduit ailleurs, à peine autrement. On importe d'Amérique – *America ! America !* – des hybrides de maïs qui, après avoir pourri le Midwest et notablement asséché, avec le blé, l'une des plus fabuleuses nappes d'eau souterraine au monde, celle d'Ogallala, vont envahir la France. Adieu au Marais poitevin, et à l'Adour, et au piémont pyrénéen, et à la Picardie, et au Bassin parisien, et à la Bretagne aussi, bien sûr.

On assomme de pesticides les plaines du Biterrois, le Bordelais, le Minervois, les Corbières, la Bourgogne, et tant d'autres lieux jadis sublimes où l'on se contentait de boire son vin sans s'empoisonner. Le vignoble n'est-il pas sacré en France ? Il l'était et le demeura tant qu'il ne fut pas un produit financier comme les autres.

Je pourrais continuer *ad libitum*, *ad nauseam*, détailler chaque production, le moindre terroir, la rectification – c'est le mot consacré, désolé – des cours d'eau, les barrages hydroélectriques, les forêts de monoculture, les autoroutes doublant les nationales et triplant les départementales, les silos visibles à 50 kilomètres à la ronde, les hangars verts et les granges à fibrociment, lequel cache gentiment son amiante… Mais à quoi bon ? Vous connaissez comme moi ce processus mortifère et morbide, dont le résultat, sinon le but, a été l'échange d'un espace civilisé par des siècles de pratiques humaines contre un vide géant habité par les machines, la puanteur et la chimie.

Le rêve futuriste est devenu cauchemar

On m'attend au tournant, je le sais bien. Il serait si plaisant, quand on lit mon propos, de me classer dans la catégorie « réactionnaires d'hier et d'aujourd'hui » ! Et pourquoi pas pétainiste de derrière les fagots ? Combien de fois aura-t-on clos la bouche des critiques de l'agriculture industrielle en évoquant le maréchal Pétain ? On le sait peut-être, ce militaire gâteux, ce vieux satrape, cette vraie canaille prononça un jour ce bout de phrase fatidique : « La terre ne ment pas, elle. » Le mot était d'un autre – Emmanuel Berl – et fut utilisé, comme on sait, pour mieux tromper et manipuler, activité favorite du franc salaud en question.

Et alors ? Cette phrase n'a en fait aucun sens. La terre ne parle guère, et le mensonge appartient aux seuls hommes.

L'expression de Pétain ne fut jamais qu'un instrument entre les mains de ceux qui détestent de toute éternité le pis des vaches, le foin, le vent dans les feuilles du charme, les bousiers, le pic noir.

Le moment est peut-être venu de respirer un autre air. On peut, et j'affirme qu'on doit regarder ce qui a été perdu. Et ce qu'on a obtenu en échange, dans cet échange pleinement inégal imposé à la société française. Tout pouvait changer, tout devait changer peut-être. Je n'en sais trop rien, à la vérité. Le monde des paysans était un univers parfois insupportable. Mais il avait créé une cohabitation stable entre le rêve humain et la géographie qu'il habitait. Du moins en France. Peut-être, mais nul ne peut plus le savoir, y avait-il plus que des marges. Peut-être, qui le saura jamais, aurait-on pu imaginer un monde avec des paysans et des bêtes. Avec des productions dignes d'être consommées. Avec des équilibres prudents entre des populations diverses. Avec des haies et des sentes. Avec des êtres et des personnes. Avec davantage de chemins menant à des âmes plus sereines.

Mais tout pouvait changer, aussi. Certaines valeurs méritaient de pénétrer ce monde clos, ou de s'y répandre davantage. Je pense notamment à la liberté, à l'égalité entre les hommes et les femmes, à l'égalité tout court. Évidemment ! Mais pour quelle raison a-t-il fallu éradiquer ? Pourquoi fallait-il détruire mille ans et plus d'occupation des campagnes, vider les villages, créer des banlieues, saccager les cultures et les langues locales, piétiner cette diversité, toutes ces étranges et précieuses manières de penser différemment, un tout petit peu différemment, les relations entre les humains ?

Le rêve futuriste de 1945 s'est révélé être un cauchemar. Et la ville n'a pas remplacé dignement la campagne. Paris survit péniblement à son histoire, sauve quelques-uns de ses décors, mais est incapable d'incarner un avenir – ne parlons pas du présent – qui nous paraisse désirable. À vue humaine, la monstruosité connue sous le nom de région parisienne restera une monstruosité. Et les autres grandes villes, qui combattent sans relâche pour remporter le titre de la laideur, méritent les mêmes commentaires.

Il suffit de tenter l'expérience. D'entrer dans ces étendues en voiture, à faible allure. Et de compter un à un, mais la tâche est impossible, les milliers de panneaux publicitaires destinés à nous rendre la vie plus folle, plus hystérique, plus violente et détestable que la veille, si c'est encore possible. Et ça l'est.

Chapitre 3

Sous l'étendard de la philanthropie

Pour araser le monde et détruire ses racines, il vaudra toujours mieux s'abriter derrière la morale. Les promoteurs de l'agriculture industrielle n'ont jamais eu qu'un seul but : vaincre les famines. Il suffit de les croire sur parole.

La destruction d'une certaine vie, et son remplacement organisé par une mort approximative mais réelle, concerne tous les pays du Nord, à quelques nuances près qu'il est inutile de préciser ici. Notons, car cela nous rapprochera de notre sujet, que cette extravagante révolution de l'agriculture se sera faite, largement, au nom de la lutte contre la faim.

C'est assez logique, car la France de 1944 avait réellement faim. De même qu'une partie notable de l'Europe, ruinée par la guerre et les fascismes. Il reste que cet argument fut aussi de propagande. Car l'autosuffisance alimentaire, chez nous, fut très vite atteinte. Et si la « modernisation » n'avait eu que ce seul et noble but social, elle se serait arrêtée au milieu des années cinquante, laissant sur le bord de la route, hébétés et même ruinés, tous les braves marchands de tracteurs Massey Ferguson, ainsi que ces excellents industriels des pesticides. Or il n'en a rien été, que l'on sache.

Mais même un mécanisme aussi perfectionné peut connaître des ratés, et l'industrie de l'agriculture, propulsée depuis les États-Unis d'Amérique, se heurta dès les années cinquante à un mur. L'Europe commençait d'être rassasiée, au moment même où les tracteurs du Midwest crachaient du grain à tous les vents de la terre. La grande machine de guerre à peine éteinte, celle des champs redessinés et des entrepôts menaçait de tourner à vide.

En un mot comme en cent, l'Amérique ne savait plus où donner de l'aide amicale. Et pas davantage comment vendre ses productions massives et répétitives. Elle était réellement confrontée à une barrière en apparence infranchissable qu'en sa grande sagesse, en sa remarquable souplesse, elle enjamba aussitôt, repoussant les limites du grand jeu pendant quelques précieuses années.

On va voir comment elle le fit, mais il est temps d'abord de rappeler cette évidence : une industrie de masse doit perpétuellement créer son marché, l'inventer, l'imposer si nécessaire. Et celle des machines agricoles et des engrais ne pouvait pas, sauf à se pendre au grenier, se contenter longtemps du seul marché européen, pourtant si prometteur en 1945. Son projet, sa vision, ses objectifs ne pouvaient être que mondiaux. Pardi, n'avait-on pas faim aussi à Dacca, à Mexico, à Lagos ?

Ces pays qui deviennent sous-développés

On applaudira donc sans réserve le président américain Harry Truman, injustement oublié. Le 20 janvier 1949, dans son traditionnel discours sur l'état de l'Union, il invente un nouveau monde fait de pays « développés » et de pays « sous-développés ». Le paragraphe décisif consacré à la notion radicalement neuve de « développement » aurait été ajouté au texte principal au dernier moment, après lui avoir été soufflé par une bonne âme restée inconnue. Quoi qu'il en soit, il faut parler de chef-d'œuvre.

Écoutez cette musique, digne des Évangiles : « Plus de la moitié des gens de ce monde vivent dans des conditions voisines de la misère. Leur nourriture est insatisfaisante. Ils sont victimes de maladies. Leur vie économique est primitive et stationnaire. Leur pauvreté constitue un handicap et une menace, tant pour eux que pour les régions les plus prospères. Pour la première fois de l'histoire, l'humanité détient les connaissances techniques et pratiques susceptibles de soulager la souffrance de ces gens. »

Qui serait assez méchant pour contester un pareil résumé ? Les communistes, sans doute, mais cela tombe bien, car ce texte et l'élan qu'il contient sont justement destinés, en partie, à contenir la poussée stalinienne dans les pays du Sud. Mais le discours de Truman n'est pas seulement défensif. Il crée en fait un cadre stratégique qui va permettre aux intérêts commerciaux américains de triompher. Chez nous d'abord, avec le plan Marshall, ailleurs ensuite, sous la forme d'une « aide au développement » on ne peut plus désintéressée. Là où la vieille Europe demeure empêtrée, prisonnière de ses empires coloniaux en ébullition, la jeune et vigoureuse Amérique parvient à imposer des vues réellement nouvelles.

Dès lors qu'elle a décidé d'aider tant de gens malheureux, l'interrogation sur le sens du mot « développement » devient subalterne. On pourra certes débattre de ses modalités ou des moyens d'« accélérer la croissance », d'en répartir éventuellement les effets de manière plus équitable. Mais, en assignant au développement la visée ultime de répandre le bonheur sur terre, on interdit toute critique portant sur le fond.

Or il ne s'agit pas, pas seulement et de loin, d'épauler, de sauver, d'affranchir. Outre les marchandises et les matériaux, on exporte des idées, des hiérarchies sociales et culturelles, des visions de l'avenir. Et des façons de manger ? C'est possible, c'est probable, c'est même certain.

Revenons maintenant, après ce préambule, à la situation de la fin des années cinquante. Ni l'Amérique ni d'ailleurs l'Europe n'ont alors réglé le problème de la faim. Pas davantage celui du « sous-développement ». Pour autant, la grande machine de l'agriculture industrielle est en marche et ne peut davantage patienter. Un homme va lui permettre de trouver de grandioses débouchés, à peu près inespérés : Norman Ernest Borlaug. Cet agronome débute en 1942 une carrière de microbiologiste au service de Du Pont de Nemours, l'une des grandes transnationales de la chimie. Ce n'est pas un crime. Une vocation, peut-être ?

Quoi qu'il en soit, après avoir rejoint le Mexique, Borlaug va s'illustrer dans la mise au point de variétés naines de blé, beaucoup plus productives que celles que l'on connaissait jusqu'alors. Les rendements sont impressionnants. Borlaug continuera son œuvre à la fin des années cinquante et surtout dans les années soixante en Asie, principalement en Inde et au Pakistan. Il est considéré comme le père de la Révolution verte, qui est au départ, tout comme le discours de Truman de 1949, une ode à l'humanisme et à la solidarité entre les peuples.

Le Pendjab, la Beauce de l'Inde

Car il s'agit une fois encore, une douzaine d'années après Truman, de libérer l'humanité de ses famines à répétition en augmentant massivement, constamment la production alimentaire. Et, pour cela, une seule voie, qui sera suivie sans hésitation : celle de la technique, de la sélection variétale, des engrais et de l'irrigation massive, des pesticides. La version officielle et enchanteresse de ce bouleversement est connue. Borlaug, qui recevra d'ailleurs le prix Nobel de la paix en 1970, aurait sauvé à lui seul, ou presque, un milliard d'humains. Ne me demandez pas qui a fait ce calcul inouï, ni comment. D'ailleurs, personne ne le sait ni le saura jamais, car il s'agit de pure propagande.

Ce que ne dit pas la légende dorée, c'est que l'agriculture industrielle et ses vastes entreprises ont purement et simplement privatisé ce vaste processus de « modernisation ». En utilisant le très présentable Borlaug comme agent commercial de leurs intérêts. Ce dernier n'était-il que leur dupe ? J'en serais étonné, mais j'avoue que cela ne m'intéresse guère. La certitude, c'est que cette opération a ouvert des marchés géants à l'industrie.

Le plus pénible à reconnaître, c'est que cette fabuleuse expansion a sans aucun doute possible sauvé la vie d'un grand nombre d'humains. Quand on double le rendement d'un champ de blé ou de maïs, on engraisse sans doute les industriels qui sont à la manœuvre, mais on remplit également les assiettes. Et je connais trop mal la faim réelle pour oser oublier, ne fût-ce qu'une seconde, que j'ai toujours eu du pain à me mettre sous la dent.

Il faut néanmoins aller au-delà. Bien entendu. Car qui serait assez sot pour se contenter des communiqués de victoire de l'état-major ? Pour juger la Révolution verte, il faut penser l'histoire, intégrer les rapports sociaux, étudier l'état des écosystèmes, sans lesquels l'avenir n'existe pas. Il faut donc analyser, et il importe même de réfléchir, ce qui fait souvent reculer.

Globalement, la Révolution verte est une catastrophe planétaire. Je ne vous infligerai pas le compte rendu des milliers de pages qui existent, et qu'il faudrait lire. Non, contentons-nous d'un simple survol, ici suffisant. Dans un pays comme l'Inde, par exemple – mais le schéma général est le même ailleurs –, l'augmentation des rendements a permis de faire reculer une famine endémique autant que tragique. Entre 1960 et 2000, la population a été multipliée par 2, mais la production alimentaire par 4,5. Selon des sources officielles, et du même coup discutées, mais aussi controversées.

N'importe, la tendance est là, et la question essentielle crève les yeux : est-ce durable ? La réponse est non, car cet immense pays agricole est aujourd'hui sur le flanc, et il ne pourra pas, hélas, se relever avant longtemps, s'il y parvient. Le système de production agricole qu'on y a imposé était fondé sur des techniques appliquées dans les vastes plaines céréalières d'Amérique. Comme là-bas, il fallut irriguer massivement, doper avec des engrais, corriger avec des pesticides, et donc acheter massivement ce qu'un pays comme l'Inde ne produisait pas. L'acheter au Nord, par exemple. À l'Amérique, par exemple. Auprès des amis de Borlaug, par exemple.

Ceci explique cela. En Inde, on approche de la fin d'un monde. Les sols sont massivement stériles, du moins en l'absence de fertilisants de synthèse. Devenus alcalins, ou salins, ils ne renferment plus la prodigieuse biodiversité d'antan, faite de micronutriments, de vers, de bactéries. Or celle-ci était le produit de milliers d'années de pratiques équilibrées. Croit-on qu'elle pourrait revenir en sifflant entre les doigts ?

Pour mieux comprendre, je vous propose de lire le début d'un remarquable article du journaliste Gilbert Charles :

«Alignés comme dans un décor de conte de fées, les cinq petits châteaux des cinq frères Singh se dressent fièrement sur la plaine moissonnée. Bardées de marbre vert et visibles à des kilomètres à la ronde, ces luxueuses villas témoignent de la réussite de la famille d'agriculteurs, installée sur les terres fertiles du Pendjab, la Beauce de l'Inde. Le patriarche a acheté en 1956 un lopin de terre que ses fils, aujourd'hui âgés de 40 à 50 ans, tous éduqués dans les meilleures universités, ont transformé en exploitation céréalière de 150 hectares. Coiffés de leurs turbans et barbes au vent, ils s'activent sur leurs tracteurs dans les champs tracés au cordeau et irrigués par d'énormes pompes. Le domaine produit chaque saison 250 tonnes de blé et de riz basmati, dont une partie est exportée vers l'Europe et le Japon. Et il ne cesse de s'agrandir. “Chaque hiver, après la moisson, nous achetons une dizaine d'hectares supplémentaires à des voisins, au double du prix normal, précise Arur Singh, le frère cadet, titulaire d'un diplôme de marketing obtenu à Boston. L'important, pour nous, c'est de continuer de nous étendre." Leurs affaires sont tellement prospères qu'ils ont décidé de se faire construire cinq villas identiques, afin qu'il n'y ait pas de jaloux, et proches les unes des autres [1]. »

Nous sommes donc au Pendjab, l'une des plus riches régions indiennes, il y a trois ans. Les frères Singh, vous l'avez compris, sont les gagnants de la partie. La grande « modernisation » lancée dans les années soixante les a enrichis, et continuera peut-être de le faire. Mais il y a derrière eux près de 700 millions de paysans pauvres, qui se partagent des surfaces ridicules. Parmi eux, Rama Venkanna, dont Gilbert Charles évoque la mémoire. Car ce petit paysan de Datla, dans l'Andhra Pradesh, est mort, suicidé aux pesticides, la veille de l'arrivée du journaliste dans son village. En dix années, 25 000 paysans de l'Inde ont fait comme lui.

Dans le cas de Rama Venkanna, la cause principale s'appelle l'eau. Sur ses deux hectares plantés de coton et de riz, elle a simplement disparu. Il a creusé un puits, un autre plus profond, un troisième, s'est lourdement endetté au passage, sans la retrouver. Car tout le monde pompe l'eau des nappes phréatiques, qui baissent irrésistiblement sans jamais se recharger assez. Et il en va de même dans toutes les zones d'agriculture intensive de ce sous-continent bouleversé par la Révolution verte, sur des millions et des millions d'hectares.

OÙ SONT PASSÉES LES CENT MILLE VARIÉTÉS DE RIZ ?

Vous ne le croirez sans doute pas, mais l'eau ne tombe pas forcément du ciel. En Inde, elle vient largement de l'Himalaya, si sévèrement déforesté que les pluies ruissellent sur ses pentes sans avoir le temps de recharger les aquifères. Et le réchauffement climatique fait fondre les glaciers des

1. Gilbert Charles, « Révolution verte à refaire », *L'Express*, 20 décembre 2004.

sommets, lesquels jusqu'ici avaient toujours régulé les aléas climatiques. Comment fera-t-on au bout de ce processus ? La situation n'est pas grave, elle est tragique. Nier l'évidence des limites physiques, oublier les sols et l'eau, le climat, le rôle irremplaçable de la biodiversité, cela conduit nécessairement à une impasse. Et celle-ci est historique. Elle condamne un monde, en bloc.

Pourtant, même en Inde, tout le monde ne se suicide pas. La plupart des naufragés du « progrès » fuient, s'enfuient vers les mégapoles, que personne n'oserait plus appeler des villes. Où sont les textes, où sont les témoignages de ceux qui s'entassent par millions, par dizaines de millions dans des espaces où nous ne mettrions pas une poule ou un lapin ? Les paysans déchus de là-bas ne sont plus des hommes, ce sont des spectres. Les spectres de notre défunte humanité.

Sans doute certains d'entre vous ont-ils entendu parler de Vandana Shiva. Cette scientifique indienne est aussi une militante écologiste, et elle est remarquable dans les deux domaines. Permettez-moi de vous livrer quelques extraits de ses analyses, sous la plume informée du Canadien Jean Lapalme [1]. « Par définition, écrit ce dernier, “une agriculture durable repose sur le recyclage des nutriments du sol”. Or les cultivars “miraculeux” de la Révolution verte redirigent tout simplement vers la partie comestible du riz ou du blé une plus grande partie du produit de la photosynthèse, le tout au détriment de la tige et des autres composantes de la plante. Il en résulte une diminution draconienne de la production de paille ou d'autres résidus, qui constituent la nourriture du bétail ou des bactéries du sol. Tous les êtres vivants – quels qu'ils soient – ayant droit à la vie, prendre aux uns pour donner aux autres n'est ni acceptable du point de vue éthique ni soutenable du point de vue économique et écologique. La conséquence est claire, comme l'indique Shiva dans *Biopiracy* : “À ce cycle

1. Jean Lapalme, « Les graines de la résistance », *Relations*, juin 2002.

régénératif la Révolution verte a substitué un flux linéaire d'intrants achetés [...] et de produits agricoles commercialisés en tant que marchandises. La fertilité n'est désormais plus la propriété du sol, mais celle des engrais chimiques..." »

Est-ce suffisamment clair ? Peut-être faut-il ajouter cette suite, du même auteur : « Cette dépendance accrue de l'agriculture, de plus en plus liée à un "soutien" externe, s'inscrit dans la logique d'appauvrissement de la biodiversité, question stratégique fondamentale pour l'avenir de la production alimentaire. En Inde, on cultivait au début du siècle pas moins de cent mille variétés de riz ! La Révolution verte a fait table rase et privilégie quelques cultivars soi-disant miraculeux, remplaçant la diversité par l'uniformité. C'est ce que Shiva définit comme la pression technologique et commerciale pour remplacer la diversité par les monocultures. Cela est vrai également pour la foresterie, les pêcheries ou encore les élevages. "La biodiversité, écrit Shiva dans *Biopiracy*, dépend entièrement du droit dont disposent ou non les communautés locales de jouir des fruits de leurs efforts." Elle n'est pas qu'affaire de conservation mais aussi de survie économique, poursuit-elle dans *Tomorrow's Biodiversity* : "[...] Que ce soit pour la nourriture ou pour les médicaments, que ce soit pour l'énergie ou la fibre, que ce soit pour les cérémonies ou l'artisanat, les pauvres dépendent de la richesse des ressources biologiques, des connaissances et habiletés qui y sont liées. À mesure que la biodiversité recule, les pauvres deviennent plus pauvres." »

Que va-t-il se passer sur terre dans les prochaines décennies ? Nul ne le sait, moi pas davantage que vous. Mais une chose est sûre : les marchands, qui ne pensent qu'au marché immédiat et solvable, ces marchands ont nié la réalité dans ses aspects les plus indiscutables. Il est possible que telle « avancée » technologique fasse gagner un peu de temps au système qui s'emploie si bien à détruire le monde. Mais sur une planète qui rétrécit, où les terres arables et fertiles reculent chaque année, où la population et ses besoins ne cessent d'augmenter, où l'eau se fait rare ou hors d'atteinte, la question alimentaire va fatalement exploser. Et faire des dégâts. Et tuer, comme elle sait le faire depuis les origines.

Aucun livre en français, à ma connaissance, ne fait le bilan de la Révolution verte. C'est tout de même bien étrange si l'on songe que cette expérience a bouleversé le sort de centaines de millions de nos frères humains. Parfois pour le meilleur, souvent, à l'arrivée du moins, pour le pire. Chacun connaît des dizaines d'ouvrages sur la vie héroïque de Lady Di, de Nicolas Sarkozy, de Zinedine Zidane, de Marcel Amont ou de Michel Drucker. Et rien, ou si peu, sur cet immense mouvement structurel qui a changé les règles de base en Asie ou en Amérique latine.

BORLAUG, UN HUMANISTE INTÉGRAL

Au fait, qui a inventé l'expression ? Qui a parlé le premier de « Révolution verte » ? Eh bien, on le sait. En 1968, au cours d'une conférence, le directeur de l'USAID, William Gaud, déclare à propos de la diffusion en cours des nouvelles technologies agricoles : *« These and other developments in the field of agriculture contain the makings of a new revolution. It is not a violet Red Revolution like that of the Soviets, nor is it a White Revolution like that of the Shah of Iran. I call it the Green Revolution. »* Comme vous l'aurez compris, Gaud compare « sa » Révolution verte à la rouge, celle des communistes. Et à la blanche, aujourd'hui oubliée, qu'il attribue au chah d'Iran.

Il me reste à préciser ce qu'est l'USAID, car cela a son importance. Il s'agit d'une agence fédérale américaine dont les origines remontent au plan Marshall de l'après-guerre et au fameux discours déjà cité de Harry Truman, en 1949. Étonnant, non ? L'United States Agency for International Development[1] est une agence surpuissante et tellement humanitaire, au sens où l'était Truman, qu'il est de nouveau impossible de contester ses nobles buts. Lesquels consistent officiellement à « tendre une main secourable à ces peuples, outremer, qui luttent pour obtenir une vie meilleure, se remettent d'une catastrophe ou s'efforcent de vivre dans un pays libre et démocratique ». Ne dirait-on pas du Bush s'adressant à des Irakiens ? Ou à des Iraniens ?

Les fâcheux remarqueront tout de même que ni Truman, ni Borlaug, ni Gaud ne sont parvenus à vaincre la faim. Des milliards d'humains continuent de faire semblant de vivre avec 1 ou 2 euros par jour, sans eau potable, sans latrines, sans électricité. Mais une telle réalité, confondante, ne dérange jamais très longtemps les nombreux partisans de l'agriculture industrielle.

Prenons donc le cas de Norman Borlaug, ou plutôt reprenons-le en main. Cet excellent homme, qui a donc sauvé un milliard d'humains ou peut-être cent – qui sait ? –, a obtenu le prix Nobel de la paix en 1970. Mais cet incandescent humaniste n'a pas manqué de s'interroger. Car, contre toute évidence, la misère a bel et bien refusé de laisser la place aux variétés de blé à haut rendement. Borlaug en a tiré la belle conclusion qui s'impose : les hommes ne sont pas allés assez loin. Pensez par exemple que l'Afrique est, pour l'essentiel, demeurée à l'écart de la Révolution verte ! Assurément, il reste beaucoup à faire.

En 2004, alors que Borlaug fête ses 90 ans en fanfare, une ONG américaine organise une réception en son honneur. Il s'agit de l'AgBioWorld Foundation. Ses membres sont de vrais nécessiteux, qui expliquent sur leur site Internet qu'ils vivent de petits dons. Une recherche personnelle m'a mené tout droit à un personnage intéressant, créateur de la fondation : Greg Conko. On le retrouve en Australie, où il tente

1. Si vous lisez l'anglais, allez voir le site Internet de l'USAID, c'est instructif : www.usaid.gov.

de lever des fonds pour les biotechnologies au nom d'une autre structure, le Competitive Enterprise Institute (CEI). Et il admet devant un journaliste local, sans se faire prier, que ce CEI accepte de l'argent de Monsanto. En toute indépendance, faut-il le préciser ? L'AgBioWorld Foundation a pour seul but d'informer sur les biotechnologies. Qu'on se le dise. Que les gogos se le disent.

Or donc, le mercredi 24 mars 2004, c'est jour de fête. Jimmy Carter et l'ancien sénateur George McGovern se répandent en éloges sucrés sur la vie de Borlaug. On ne présente plus le planteur de cacahuètes, ci-devant président des États-Unis d'Amérique. Mais il faut rappeler que McGovern fut, au début des années soixante-dix, le héraut de la « gauche » du parti démocrate. On connaît cette « gauche », il est vrai. Les deux hommes ce jour-là, et bien d'autres, y vont de leurs allusions plus ou moins fines à la continuité entre la Révolution verte, Borlaug, les biotechnologies et les OGM.

Et ils ont raison, car Borlaug est le chaînon manquant – mais manque-t-il vraiment ? – entre la Révolution verte et les chimères génétiques. Dans une interview fascinante donnée en 2002 [1], alors qu'il a 88 ans, notre ami des hommes répond à la question suivante : « La faim est-elle encore une menace globale, comme c'était le cas dans les années soixante ? » Sans hésiter, il clame : *« Yes, it is. »* Croyez-en cet homme d'expérience, pour faire reculer le masque hideux, il n'y a guère qu'une solution : les biotechnologies et les OGM.

Borlaug ajoute ceci : « Les biotechnologies aident les paysans à produire de meilleures récoltes sur moins de terre. » La messe est dite, et même redite : *« Biotechnology will help these countries accomplish things that they could never do with conventional plant breeding. »* Oui, ces pays accompliront, je vous le dis, mes frères, des choses impossibles à réaliser avec les moyens traditionnels. Surtout l'Afrique, qui

1. www.actionbioscience.org/biotech/borlaug.html.

n'a pas suivi les bons conseils prodigués par Borlaug dans les années soixante. Surtout l'Afrique ! Lisez plutôt, c'est un Nobel de la paix qui parle : *« There is a big potential for biotech in Africa. For example, Roundup Ready® crops. »* On ne traduit pas de telles paroles, on aurait peur de souffrir.

OGM, UN SI BEAU CHEVAL DE TROIE

Mais le mal est fait, le coup fatal est parti, la combine est déjà en place. Je pourrais raconter ici bien des trucs et astuces imaginés par les transnationales afin de « vendre », c'est-à-dire imposer, les OGM à des peuples sceptiques ou révoltés pour aider à la fabrication de biocarburants. Mais cela prendrait trop de place, je le crains.

Exemple : le 21 mars 2007, les géants Monsanto et BASF signent un accord prodigieux, qui prévoit un investissement commun de 1,5 milliard de dollars pour développer des cultures génétiquement modifiées servant spécifiquement aux biocarburants.

Exemple : l'Américain Michael Raab a créé la start-up Agrivida afin d'« optimiser » génétiquement un plant de maïs de manière à augmenter son rendement en bioéthanol. La promesse de Raab, car cela reste une promesse, est d'augmenter de 50 % le rendement d'éthanol tout en réduisant de plus de 20 % les coûts de transformation. Ce « miracle » repose sur une propriété singulière de GreenGenes, la « nouvelle » plante trafiquée. Elle produit des enzymes qui contribuent à la dégradation des tiges et des feuilles, ce qui ajoute à la production de l'éthanol. Sublime.

Exemple : la plus grosse entreprise de biotechnologies forestières au monde, ArborGe, a obtenu du Brésil, au printemps 2007, le droit de planter sur son sol des eucalyptus génétiquement modifiés destinés à l'éthanol. Ici s'imposent une précision et de vives félicitations aux techniciens et scientifiques. ArborGe a en effet inventé un truc de plus. Et, parmi les glorieux savants, il faut citer Vincent Chiang, de l'université de Caroline du Nord. Ce chercheur a mis au point des arbres qui fabriquent moins de lignine, cette fâcheuse substance – une résine – qui leur permet d'avoir des troncs solides. Un arbre doté d'un vrai tronc cache fatalement sa cellulose, la matière première essentielle de l'éthanol. Avec l'introduction d'un gène neuf, en revanche, on contrôle la production de lignine, favorisant de la sorte l'extraction de cellulose. Ainsi obtient-on au bout de la chaîne de (dé)montage davantage de bioéthanol. Évidemment, c'est une boîte de Pandore, et elle est plus qu'entrouverte. La Chine, ce modèle, plante déjà des arbres modifiés, et le mouvement est désormais mondial. La dissémination du pollen de ces arbres contaminera fatalement les écosystèmes forestiers de la planète, dans des proportions inconnues, mais d'une manière irréversible. Le pollen, savez-vous, peut voyager sur des milliers de kilomètres. Bienvenue sur la planète des arbres mous.

Exemple : l'admirable James Greenwood, patron de Biotechnology Industry Organization (BIO), qui regroupe 1 100 entreprises biotech américaines, déclare, au lendemain du discours sur l'état de l'Union de Bush, début 2006 : « Le président a souligné son objectif de remplacer 75 % de ses importations de pétrole du Moyen-Orient par une production domestique de biocarburants. Ce plan est réalisable car les avancées dans le domaine des biotechnologies peuvent jouer un rôle vital dans la réussite du challenge énergétique. » Excusez la qualité de la prose : je décline toute responsabilité.

Greenwood a de quoi être fier, et il détaille d'ailleurs ses raisons. Les firmes biotech ne cessent de déposer de nouveaux brevets commerciaux pour augmenter la production de cellulose des végétaux, notamment en isolant et activant des enzymes chimériques – comme c'est le cas avec le GreenGenes de M. Raab. Ces enzymes changeront les tiges de maïs, et de blé, et de *Miscanthus giganteus*, en sucres, lesquels donneront en fermentant de l'éthanol.

Comment, personne ne vous a encore parlé de *Miscanthus giganteus* ? Réparons. Appelée tantôt « herbe à éléphant », tantôt « roseau de Chine », cette graminée d'origine chinoise fait délirer d'enthousiasme les promoteurs de biocarburants. Car cette plante aurait un pouvoir calorifique étonnant et pourrait atteindre 4 mètres en seulement dix-huit mois. Une superbe matière première pour fabriquer de l'éthanol. À condition d'en planter partout. Des chercheurs de l'université de Metz s'y emploient pour nous. De même que la société Bical France, filiale de l'anglaise Biomass Industrial Crops Ltd. Des essais dont personne ne nous dit rien ont eu lieu dans le Finistère et l'Eure-et-Loir. L'Inra a signé un partenariat avec la société Kalys, de Roubaix. On aura sous peu une « herbe à éléphant » transgénique, cela ne saurait tarder. Quel triomphe ce sera !

Aux États-Unis, bien entendu, les choses sont plus avancées. Ainsi le gouverneur du Tennessee, Phil Bredesen, a-t-il déjà déboursé 18 millions de dollars d'argent public pour financer la culture de ce qu'on appelle là-bas du *switchgrass*. Afin d'en faire de l'éthanol, bien sûr. Citant un organisme officiel américain (le Natural Resources Defense Council), notre ami James Greenwood pense que la combinaison magique « herbe à éléphant » + enzymes génétiquement manipulées pourrait couvrir en 2050 la moitié des besoins en pétrole de l'ensemble des transports américains.

Je me demande parfois si je ne suis pas dans une mauvaise série télé de science-fiction. On parle d'utiliser la technique des OGM sur des plantes qui n'ont jamais poussé aux États-Unis, de manière à remplir la moitié de tous les réservoirs américains. Et ce qui est de loin le plus loufoque, c'est qu'un homme tel que Greenwood puisse énoncer de telles perspectives dans un journal, en l'occurrence le *Des Moines Register* du 21 février 2006. Sous les applaudissements du public.

N'insistons pas, car l'essentiel est dit. Le résumé de ce qui précède sur les OGM est limpide. Les transnationales, qui tripotent des OGM à longueur d'année, ont trouvé un cheval de Troie fantastique qui leur permettra de pénétrer les derniers marchés qui leur résistent encore. Car les végétaux destinés aux biocarburants sont-ils encore des végétaux, oui ou non? Ils ne sont plus cultivés, en tout cas, pour remplir le rôle qui fut le leur pendant des milliers d'années. Ils ne doivent plus alimenter les hommes, mais les machines. Et de ce point de vue révolutionnaire, franchement, à quel titre pourrait-on encore refuser des OGM qui ne sont pas alimentaires?

La ruse commerciale est là, colossale, aussi évidente que la lettre volée d'Edgar Poe, dont on se souvient qu'elle était sur la table, nullement dissimulée. On ne pourra plus demain, sauf à se dévoiler comme un ennemi du monde, refuser les OGM, ces OGM-là. Puisqu'ils n'iront pas dans nos assiettes. Puisqu'ils serviront à la lutte contre le réchauffement. Puisqu'ils nous permettront d'aller acheter notre pain quotidien en auto. C'est magistral.

We feed the world

Je me suis certes éloigné du sujet de ce chapitre, consacré à la faim. Mais c'était nécessaire, me semble-t-il. Retenez que la lutte contre la faim dans le monde, comme en 1949, comme en 1960, aura été au centre de l'entreprise planétaire de propagande en faveur des OGM. Dans un premier temps, quand on n'avait rien d'autre sous la main. Et maintenant que les OGM peuvent aussi servir à affamer là-bas tout en nous permettant de rouler ici, eh bien, les publicitaires nous parlent d'environnement, de réchauffement climatique. De tout ce qu'il sera possible d'imaginer.

J'ai eu l'occasion de rencontrer le professeur Gilles-Éric Séralini et de m'entretenir avec lui pour le magazine *Terre sauvage* à l'été 2005. Séralini est un professeur en biologie moléculaire, mais aussi un chercheur réputé, ce qui ne signifie pas infaillible. Il est également expert dans de nombreuses commissions officielles. Sa spécialité ? Les OGM. Je dois avouer que ce jour-là, même si je connaissais ou croyais connaître les grandes lignes de son propos, j'ai été sonné. Nous étions dans son bureau de l'université de Caen, et Séralini me racontait la stratégie des transnationales en matière d'OGM – qui sont presque exclusivement des PGM, des plantes génétiquement modifiées. C'est un peu long, mais vous ne perdrez pas votre temps, promis.

Selon le professeur, « la principale stratégie des industriels était de "fabriquer" des plantes capables d'absorber des pesticides sans en mourir. Alors qu'on prétendait réduire ces produits ! Et, du reste, dix ans après le lancement des OGM commerciaux, les trois quarts des plantes transgéniques ne sont que cela. Seconde stratégie, tout aussi curieuse : la création de plantes OGM qui sécrètent leur propre insecticide. Lequel est, je le rappelle, aussi un pesticide. […] Les dernières statistiques officielles montrent que pratiquement 100 % des OGM commerciaux soit sont tolérants aux pesticides – pour les trois quarts d'entre eux –, soit en produisent eux-mêmes – pour le dernier quart. Oh, bien sûr, sur les 80 millions d'hectares cultivés dans le monde, vous trouverez bien 4 hectares de riz dans une ferme, ou de tomates, ou de concombres. […] Les fabricants d'OGM ne cessent de "communiquer" sur ce dossier d'une très étrange manière. Ils ne parlent que de ce qu'ils feront dans dix ans ou plus. Les OGM végétaux serviront, affirment-ils, à soigner, à produire des vitamines, des plantes tolérantes à la sécheresse ».

Je fais une pause. L'un des meilleurs observateurs français de la question des OGM vient de vous (re)dire que derrière la propagande se dissimulent, comme de juste, des intérêts matériels. Pioneer, qui fait partie des leaders mondiaux des OGM, peut bien utiliser jusqu'à l'obsession le slogan *« We feed the world»*, autrement dit «Nous nourrissons le monde», il s'applique en fait, avant tout, à nourrir ses actionnaires. De même que Monsanto, qui accompagna longtemps ses communiqués de la fière banderole : «Nutrition, santé, avenir».

La surprise n'est pas grande, certes, mais on comprend au travers des phrases de Séralini jusqu'où mène cette duplicité. Officiellement, on prétend limiter l'usage des pesticides de synthèse. Réellement, on modifie les plantes commerciales essentielles, comme le riz, le maïs, le blé, le soja, de manière à ce qu'elles supportent encore davantage de pesticides – fabriqués, on ne se lassera jamais de le dire, par les mêmes.

Mais comment présenter un tel programme à la télévision ? D'autant qu'il ne s'arrête pas là. Si demain, et c'est bien parti, Syngenta, Monsanto, Aventis ou Du Pont de Nemours – entreprise chère au cœur du prix Nobel Borlaug – réussissent pleinement leur affaire, les paysans du monde auront surtout le choix entre différentes variétés de plantes OGM. Avec à la clé un pouvoir jamais égalé dans l'histoire des hommes : celui consistant à «tenir» l'essentiel de la production alimentaire mondiale par la possession de droits reconnus sur les semences et les plantes produites.

Vous m'autoriserez, je l'espère, avant de passer à un autre sujet très voisin, à faire un bref résumé de ce que je viens de rassembler pour nous. Depuis la Seconde Guerre mondiale, une énorme machine a changé la face du monde. Née aux États-Unis, elle s'est emballée au moment même du combat planétaire contre les fascismes. Des plaines et des usines, bientôt des entrepôts américains, sont sortis des engins, des ingénieurs, des produits aussi miraculeux que les pesticides. Et cette méta-entreprise, échappant à tout contrôle, a commencé de déferler.

D'abord en Europe, sous l'apparence philanthropique du plan Marshall de reconstruction. Ensuite, dès la fin des années cinquante, dans ce qu'on appelait alors le tiers-monde, sous la forme de la Révolution verte. Enfin dans le monde entier, jusqu'au Kenya, jusqu'en Équateur, jusque dans la Chine stalinienne, sous couvert des organismes génétiquement modifiés.

À chaque fois, l'industrie de l'agriculture a donc prétendu agir pour le bien de l'humanité. Pour combattre la faim, la misère, les horribles souffrances de sociétés imparfaites. Le résultat est-il au rendez-vous ? Malgré des moyens sans précédent, non : la planète est ravagée, ses équilibres les plus essentiels sont ruinés, la faim est là, l'avenir fait trembler. Ces gens sont simplement des menteurs professionnels. Payés pour mentir. Payés pour vendre d'authentiques mensonges qu'il faut des décennies pour combattre, sans jamais parvenir à les faire disparaître. Le monde est de plus en plus beau. Disent-ils.

Chapitre 4

Mais comment vendre tous ces invendus ?

Qui milite en France pour les biocarburants ? L'habituel lobby de l'agriculture intensive, évidemment. Car la réforme européenne de 1992 a créé un monstre très profitable appelé « jachère ». En appuyant sur les bonnes sonnettes, en sifflant les bons élus, en appelant le grand champion Alain Prost à la rescousse, les biocarburants sont enfin devenus une priorité nationale. Encore bravo.

Le problème de toujours reste obsédant : comment vendre cette stupéfiante capacité à produire ? Comment écouler ces flots déments d'engrais et de moteurs, ces centaines de molécules nouvelles dont on sait qu'elles empoisonnent ? Ne nous moquons pas. Commercialiser des produits dont tant de gens ne veulent plus est un art.

Témoin, entre mille autres, ce remarquable dialogue entendu le 6 avril 2000 au Sénat. En France, chez nous. D'un côté, le sénateur centriste Jacques Machet, à l'origine agriculteur, qui représente la Marne. De l'autre, le socialiste Daniel Vaillant, alors ministre des Relations avec le Parlement, qui parle au nom du ministre de l'Agriculture, empêché, Jean Glavany.

Le premier pose une question sur les biocarburants, dont voici un extrait : « Depuis dix ans, le dossier de l'éthanol stagne. Pourtant, l'intérêt de ce composant issu de ressources renouvelables, c'est-à-dire de productions agricoles telles que le blé ou la betterave, et destiné à augmenter l'indice d'octane des carburants n'est plus à démontrer tant pour la santé publique que pour l'environnement. En outre, au moment où la filière agricole cherche de nouveaux débouchés, l'éthanol peut apparaître comme une réponse tout à fait appropriée. »

C'est la quintessence du discours tenu par le lobby des biocarburants, on ne trouvera pas mieux. Un sénateur de la République française commence par dire au nom de quel prétexte il faut défendre les biocarburants. Ce jour-là, santé publique et environnement – termes on ne peut plus aimables et généraux – feront l'affaire. À noter que, plus tard, à mesure que les choses l'exigeront, il faudra préciser, insister davantage sur le climat et la nécessité impérieuse de limiter l'effet de serre.

CHRISTIAN PIERRET : TRÈS BIEN !

Donc, un prétexte. Aussitôt suivi d'un aveu tonitruant. L'agriculture industrielle cherche « de nouveaux débouchés ». Et les biocarburants sont « une réponse tout à fait appropriée ». En face d'une telle privatisation de l'intérêt général, on attend comme il se doit un sursaut civique de la part du grand ministre de la République. Mazette, Daniel Vaillant est tout de même l'ami, le frère, presque, de Lionel Jospin soi-même, grand socialiste dans la tradition de Jaurès et de Blum. Ce Machet va recevoir une leçon.

Or non. Vaillant répond calmement : « Ainsi, 350 000 hectares ont été utilisés en France à des fins non alimentaires et ont bénéficié d'un soutien public de plus de 1 milliard de francs au seul titre de la défiscalisation. Lors de la table ronde du 21 octobre dernier, le Premier ministre a marqué son intérêt pour le développement de cette filière, qui passe par la construction de nouvelles usines, et a demandé qu'une étude d'évaluation soit lancée afin de permettre d'apprécier les gains de productivité réalisés depuis 1992. M. Jean Glavany vient de charger M. Lévy, ingénieur général du génie rural des eaux et forêts, de faire des propositions au gouvernement. Dès qu'il disposera du rapport de M. Lévy, le ministre de l'Agriculture ne manquera pas de se faire l'avocat de cette filière économique…

« M. Christian Pierret, secrétaire d'État : Très bien !

« M. Daniel Vaillant, ministre des Relations avec le Parlement : … compatible avec la défense de l'environnement. »

Ici, quelques menus commentaires s'imposent. On l'a compris à la lecture de ce compte rendu officiel des débats, Christian Pierret, emporté par son enthousiasme, interrompt son collègue Vaillant. Mettez-vous à sa place, il est tellement heureux ! Qui est Pierret à cet instant précis ? Un secrétaire d'État à l'Industrie, socialiste bien sûr. Et un grand monsieur qui n'a pas eu beaucoup de chance. Ou peut-être que si, allez savoir. Depuis le début des années quatre-vingt, Pierret a ainsi obtenu de la justice la bagatelle de trois relaxes et cinq non-lieux à la suite d'une ribambelle de mises en examen, dont certaines pour corruption.

Il est donc innocent, innocent à répétition. Ajoutons, sans vouloir embêter davantage le maire actuel de Saint-Dié, dans les Vosges, que ses liens avec le cabinet de lobbying Boury n'ont rien de secret. En 1987, c'est Pierret lui-même qui avait créé le club Douze pour l'entreprise, fonds de commerce de Boury. Selon ce cabinet, « son objectif était de favoriser le dialogue entre le monde économique et les responsables politiques. Il se situait au-delà des clivages politiques traditionnels en réunissant personnalités de droite et de gauche [1] ».

Parmi les membres de ce club de dialoguistes patentés figurent d'autres responsables politiques, dont Philippe

1. www.boury-associes.fr/index.php?rep=clubs&club=douze.

Adnot, sénateur de l'Aube, de droite, lui. Si nous étions dans une série B, vous entendriez à cet instant certaine musique vous prévenant de l'imminence d'un tournant. Il suffira ici de retenir ce nom, qui nous servira plus loin. Juste un mot : Adnot est un ancien agriculteur, comme Machet. Il n'y a pas de sot métier.

Revenons à Vaillant, qui vient de dire au Sénat que le ministre de l'Agriculture souhaite relancer la filière des biocarburants en France. Nous sommes en 2000, je vous le rappelle, et le ministre en question se nomme Jean Glavany. Cette date est symboliquement importante, car elle marque une césure dans l'histoire récente des biocarburants en France. Laquelle a commencé, comme nous allons voir, en 1992.

En 2000, les choses vont plutôt mal. Car, dans les grandes coulisses de l'État, les intérêts contradictoires s'entrechoquent. Les amis des biocarburants sont puissants et bien en cour. Mais l'industrie automobile et celle du pétrole n'ont pas encore basculé. Pour des raisons tout aussi commerciales que dans le lobby d'en face, elles souhaitent gagner du temps et ne sont nullement pressées de voir rouler des voitures avec un complément végétal dans le réservoir.

Ces manœuvres de retardement marchent à la perfection, comme nous l'apprend Glavany lui-même. En décembre 2001, il vient saluer les congressistes de la Confédération générale des planteurs de betteraves. Ces gens, faut-il le préciser, ne sont pas des plaisantins. La betterave industrielle, amis des fleurs et des papillons, c'est du pétrole vert, autrement dit des subventions et de gros bénéfices. Lisons ensemble cet extrait de l'intervention ministérielle :

« J'en viens maintenant à un autre dossier stratégique pour votre filière, celui des biocarburants. Sur ce sujet, mon objectif n'a pas changé : l'usage des biocarburants doit être développé pour préparer l'avenir. Il s'agit bien sûr de participer activement à la lutte contre l'effet de serre, d'améliorer l'indépendance énergétique de la France et de créer des emplois. Il s'agit aussi, par la remise en culture des terres en jachère, d'offrir aux agriculteurs de nouvelles perspectives et d'améliorer leurs revenus.

« En septembre 2000, ce gouvernement a pris une décision forte pour ce secteur, qui s'inscrit dans le droit fil de l'impulsion décisive donnée en 1992 par Pierre Bérégovoy. Malheureusement, sur la plainte du groupe BP, le tribunal européen de première instance a annulé l'autorisation donnée à la France en 1997 d'accorder une dérogation fiscale aux biocarburants, ce qui a reporté la mise en œuvre de cette décision.

« Cette difficulté est aujourd'hui surmontée puisque la Commission européenne a adopté hier un projet de décision qu'elle va soumettre dans les prochains jours au Conseil, autorisant la France à mettre en œuvre une dérogation fiscale. Je ne doute pas du vote favorable du Conseil. Les projets annoncés pourront donc être lancés au terme de ce qui n'aura été qu'une péripétie. »

La grande entourloupe de la jachère

N'est-ce pas très beau ? Si, car bien des choses sont dites. Le rôle des débouchés dans la vaste opération en faveur des biocarburants, les manœuvres du contre-lobby pétrolier, le volontarisme des socialistes, l'énormité des cadeaux déjà consentis. Toutefois, pour réellement comprendre l'arrière-plan, il faut maintenant accepter une courte mais saisissante plongée, en apnée si possible, dans la vraie politique. Celle dont vous n'entendez jamais parler.

Au point de départ de l'engouement actuel pour les biocarburants, il y a un accident industriel appelé surproduction. Au lendemain de la guerre, comme nous l'avons vu, la France a rapidement atteint son autosuffisance alimentaire. Puis elle s'est mise à conquérir des marchés dans le monde entier. Pour ses si jolis poulets de batterie, pour ses porcs parfois nourris de boues d'épuration, pour son goûteux blé de Beauce.

Et l'Union européenne – car ailleurs ce fut pareil ou presque – a fini par se retrouver avec des stocks invendables, empilés dans des silos ou des frigos à l'entretien dispendieux. D'où une vigoureuse réforme de la Politique agricole commune (PAC), qui aboutit en mai 1992 à une petite révolution. On décide alors que les primes ne seront plus accordées à celui qui produit le plus. Au passage, 15 % des terres agricoles de l'Union sont gelées. On parlera de mise en jachère, mais à tort. Car la mesure européenne n'empêche nullement de cultiver cette prétendue jachère.

En fait, notre généreuse Union donne des primes spéciales, comparables à celles accordées pour les céréales, aux paysans qui gèlent leurs terres. Mais ces derniers conservent le droit de les cultiver à une condition – probablement suggérée par un lobby, et qui passe à l'époque inaperçue : il faut et il suffit que leur production ne soit pas destinée à l'alimentation. Ainsi, un paysan peut empocher les primes pour sa jachère tout en la cultivant. Rien de moins. Si sa production atterrit finalement dans le moteur d'une voiture, c'est la culbute : Bruxelles paiera une fois, et l'automobiliste une seconde.

Certes, mais en attendant ? En attendant, c'est la catastrophe. Certains des plus grands groupes de l'agriculture industrielle ne sont pas loin de l'insurrection. Mettez-vous à leur place : la réforme de la PAC menace de les ruiner, purement et simplement. Vérification immédiate auprès du géant Soufflet, deuxième collecteur français de céréales en 1992. En clair, Soufflet est l'un des rois du négoce international de grains. Avec 1,9 million de tonnes collectées puis négociées en 1991, il atteint alors un chiffre d'affaires de 2,7 milliards d'euros par an [1]. Mais il faut intégrer à ces comptes de rêve le commerce d'engrais et de pesticides, dont il s'est fait le spé-

1. Voir *L'Expansion*, 3 décembre 1992.

cialiste. Reste que Soufflet anticipe une baisse considérable de son chiffre d'affaires. Si rien n'est fait, il pourrait bien redescendre à moins de 2 milliards d'euros en seulement trois ans. Si rien n'est fait.

En cette année 1992, le groupe est en France le trente-sixième exportateur, au même niveau que Matra ou Pinault. Quand on a une telle puissance, on peut heureusement se reposer sur des amis sincères. Mais, avant de voir lesquels, il faut ajouter que Michel Soufflet, le patriarche de l'entreprise, ne rêve dès cette année-là que d'une chose, une seule : le développement des biocarburants. «Le groupe Soufflet s'y est lancé avec la dernière énergie, écrit la journaliste Hélène Constanty. À son tour, après les agriculteurs, il fait le siège des parlementaires et du gouvernement afin d'obtenir les aides qui permettront à la filière de devenir rentable. Seule façon pour les exploitants d'échapper à la jachère maudite, la fabrication de carburant à partir de colza constituerait pour Soufflet une superbe planche de salut[1].» Croquignolet, n'est-il ? Puisqu'il faut sauver le négoce international, et l'agriculture industrielle tout entière, on voit monter sur scène les meilleurs de la troupe.

À ce point de l'histoire, il faut faire surgir un nouveau personnage. Jean-Claude Sabin est un grand. Au départ agriculteur dans le Tarn, comme Adnot, que je n'oublie pas, comme Machet, et comme Colson, responsable de la Jeunesse agricole catholique (JAC), il se lance avec fougue dans le syndicalisme agricole. Je vous rassure tout de suite : pas celui des *working class heroes*, non. Pas celui des poings levés et des piquets de grève. Celui du syndicat officiel de l'agriculture, qui a accompagné, au travers de la cogestion généralisée avec l'État, la disparition des paysans et des campagnes. On aura reconnu la FNSEA.

Que n'est pas, que ne sera pas devenu, au fil des ans, Jean-Claude Sabin ? On cherche, sans espoir de trouver. Il possède

1. *Ibid.*

en effet tant de casquettes qu'on s'y perd fatalement. Résumons, c'est-à-dire élaguons. Sabin est ou a été responsable des CDJA – les jeunes agriculteurs liés à la FNSEA –, puis de la FNSEA, président de la chambre d'agriculture de Midi-Pyrénées, vice-président de la Commission permanente des chambres d'agriculture, membre du Conseil économique et social de 1969 à 1979, membre du Conseil économique et social des communautés européennes à partir de 1996, président du Rotary Club d'Albi, président de Proléa, d'Agropol, de l'Irqualim, de la Fédération française des producteurs d'oléagineux et de protéagineux, de Pronovial, etc. Je ne donne pas la signification de tous les sigles, car il y faudrait une nuit.

On retrouve Sabin absolument partout. Il est conférencier à Antibes, en séminaire sur les côtes tunisiennes, en pleine discussion avec des lycéens en province, en Pologne – il est d'ailleurs devenu officier du Mérite national polonais –, au Sénat. Dans une multitude de débats publics et de colloques. Et toujours – c'est cela qui est remarquable – pour vanter les mérites incomparables des biocarburants. En somme, il est un ami sincère de l'industrie appliquée à l'agriculture. Et donc de Soufflet, cela va de soi. En cette fin d'année 1992, il court d'un journaliste à l'autre, d'une tribune à l'autre, en réclamant à tout va une prime supplémentaire de l'État de l'ordre de 1 000 francs – 150 euros – par hectare de colza destiné aux biocarburants. Pour l'occasion, il utilise volontiers sa casquette de président de Sofiprotéol (société financière de la filière des protéagineux et des oléagineux) [1].

Sur le plan politique, on soutient également. Et comment ! En octobre 1992, au cours d'un colloque tenu à Séville, Paul Granet, vice-président du Conseil régional de Champagne-Ardenne, a craché le morceau, appelant ouvertement à la création d'un lobby en faveur des biocarburants. Admirez la hauteur de vue du grand homme : dans un entretien à *L'Express*

1. Voir *L'Express*, 4 février 1993.

(4 février 1993), il affirme vouloir éviter ainsi « une France à deux vitesses et des jacqueries dans nos provinces ».

Des primes comme s'il en pleuvait

À côté, tout à côté de Granet réapparaît Philippe Adnot, sénateur et président du Conseil général de l'Aube. Vous vous souvenez ? Oui, il s'agit du bon ami de Christian Pierret, membre d'un distingué club de lobbyistes. Comme on se retrouve !

Philippe Adnot a d'abord été paysan, on l'a dit. Et syndicaliste, comme Sabin. Entre 1970 et 1972, il a même été président du Centre départemental des jeunes agriculteurs (CDJA) de l'Aube, pépinière de la FNSEA. Mais ce n'est pas tout. Adnot a également été administrateur de la sucrerie-distillerie d'Arcis-sur-Aube de 1981 à 1993. Voyez comme il connaît bien les affres de l'agriculture intensive. Par ailleurs, c'est un libéral proclamé. La preuve instantanée : en 1992, au moment même où Sabin réclame une prime de 150 euros par hectare à l'État, lui, Philippe Adnot, fait exactement la même chose [1] ! À l'égal d'un lamentable socialiste !

Voilà exactement comment est né en France, en 1992, le lobby des biocarburants. La question des débouchés, des débouchés à toute force, est d'évidence essentielle pour comprendre cette aventure, car c'en est une. Mais un tel objectif, si exaltant soit-il pour les marchands, ne suffit pas à expliquer toute l'histoire. D'autres ingrédients sont de la partie.

Chez un Adnot, c'est limpide. Le sénateur de l'Aube se veut et se croit également visionnaire, ce qui peut contribuer à provoquer des visions. Adnot est en effet, de tout cœur, un « industrialiste », un « technologiste », un scientiste. Il pense, de bonne foi je le crains, que la vie sur terre va dans un sens

1. Voir *L'Expansion*, 3 décembre 1992.

unique, perpétuellement celui de la conquête, du développement, de l'asservissement du vivant, de la toute-puissance de l'homme.

J'ai eu le privilège de lire un entretien avec lui paru dans un bulletin de la région Champagne-Ardenne (*Champ'éco*, n° 38). Je vous prie de me croire, c'est édifiant. On y découvre un responsable habité par une naïveté banale autant qu'abyssale. L'Asie et la Chine, dont Shanghai, sont l'avenir miroitant de la France. Il faut foncer, se battre, vendre, affronter. Créer des «pôles de compétitivité», lancer la recherche française, si belle, si puissante, à l'assaut des marchés émergents. Car, comme l'annonce à la première personne le sénateur, «j'ai acquis la conviction, compte tenu de ce que je peux voir dans le monde, dans le cadre de mes missions parlementaires, que l'ensemble de l'économie française doit réagir très fortement si elle ne veut pas être complètement larguée dans la compétition économique internationale».

Larguée. La France larguée. On touche là le fond, mais aussi l'os, la vérité première. Ces excellentes gens ne conçoivent l'avenir que sous la forme d'une course-poursuite qui ne s'achèverait qu'avec la mort. Le plus souvent, on est en retard, et il faut courir. Ou bien en avance, mais c'est pareil, il faut courir, faute de quoi l'on sera rattrapé, et mangé. Quel est le but? Courir. Quel est l'horizon? La sueur. J'ai l'air de me moquer, et c'est vrai. Encore heureux, je me moque. Mais cela n'interdit pas de réfléchir à cette France sarkozyste, dominante pour un temps au moins, d'autant qu'elle peut compter sur l'appui à peu près général de la France de l'autre rive.

Dans cette bagarre permanente, dans cette lutte à mort de tous contre tous, il est heureux que la France, ce confetti sur la planète, dispose encore de quelques armes. Écoutez à nouveau Adnot, chez qui l'on sent l'émotion à fleur de peau : «Nous avons un rôle moteur à jouer dans les biocarburants. Nous disposons déjà de la plus grande distillerie d'Europe à Arcis-sur-Aube et avons par ailleurs la chance de posséder un outil exceptionnel avec la Chanvrière de l'Aube pour la transformation du chanvre. »

Je suis repris par le rire, excusez-moi. Car Adnot vient de parler sans y penser, en tant que parlementaire, de la distillerie dont il a été l'administrateur pendant douze ans. Il œuvre, en tant que parlementaire, à la réussite de l'entreprise privée qu'il a contribué à diriger pendant plus d'une décennie. Je ris, car je n'ai guère le choix.

Si peu vraisemblable que cela paraisse, ces lobbyistes ont un au-delà que j'ai commencé d'évoquer. Outre l'esprit de compétition qui fait leur grandeur, il y a chez eux, je n'en doute pas, des visées stratégiques. Viser ne veut pas dire atteindre. Des visées, donc. Ayant dans un premier temps sauvé l'agriculture industrielle d'une vraie catastrophe, il leur restait à justifier, d'abord à leurs propres yeux, la grande manœuvre en cours. Car enfin, on ne peut pas vendre une réorientation énergétique majeure en reconnaissant sans détour qu'elle a pour origine la recherche de débouchés industriels pour des amis de toujours. Cela ne se peut. Et cela ne se put.

Au début, il y eut quelques dérapages, inévitables en période de rodage. On parla beaucoup, on parla trop de commerce et de chiffre d'affaires. Or il fallait convaincre l'État de verser force primes, de contrarier le cours de ce marché que les libéraux adorent quand il les sert, mais abhorrent aussitôt qu'il les embarrasse. Même avec des amis comme les sénateurs Machet et Adnot, même avec le soutien empressé d'un Paul Granet, d'un Christian Pierret, d'un Pierre Bérégovoy, il fallait habiller ce valeureux concours de l'État.

Toutes les ruses d'une vraie guerre

Je ne dresserai pas ici la liste des travestissements. Quiconque le voudrait peut aisément retrouver son chemin, comme le Petit Poucet, car les traces n'ont pas été effacées.

Qu'il suffise de dire que l'opération de propagande mit quelques années à bien s'affermir. On commença par évoquer la santé en général, l'environnement en général, la chimie verte en général. J'imagine qu'une agence de *consulting* moins nulle qu'une autre, ce qui n'est pas hors de portée, aura enfin compris que la grande affaire du siècle naissant était la crise climatique.

Et l'on entonna alors, bientôt dans un chœur assourdissant, un hymne écologique à la gloire des biocarburants, censés contribuer avec bonheur et efficacité à la lutte contre l'effet de serre. On verra plus loin ce qu'il faut penser de la réalité en ce domaine, mais force est d'applaudir la trouvaille. Car, avec l'astuce du climat dans la poche, le lobby des biocarburants a réussi un coup de maître indiscutable.

Je dois ajouter que d'autres arguments sont parfois servis en accompagnement. Par exemple, la raréfaction inéluctable du pétrole et l'augmentation subséquente de son prix. Ou la nécessaire «autonomie énergétique durable» de la France. Cette expression a été plusieurs fois utilisée par Jean-Claude Sabin – il faut rendre au César des biocarburants ce qui lui appartient.

C'est intéressant, à n'en pas douter. Ce fantasme d'échapper, au moins en partie, aux importations de pétrole, surtout en provenance de pays arabo-musulmans par définition instables, cela vous pose en penseur géostratégique, ce qui n'est pas inutile. Peut-être certains fins politiques se disent-ils que, même en cas de crise dramatique, historique, biblique, il restera ainsi de quoi faire tourner quelques moteurs. Cela me fait penser à juin 40 sur les routes de France, aux efforts héroïques de certains galonnés, et probablement de nombre de planistes de l'avant-guerre, pour se procurer de l'essence à tout prix. Non pour affronter les armées nazies déferlant sur le pays, certes non. Plutôt pour arriver plus vite aux ponts enjambant la Loire de manière à fuir plus commodément cet ennemi qui refusait de jouer le jeu de la ligne Maginot.

Je ne sais pourquoi, mais je sens que Maginot n'est pas mort. Que son esprit lui survit, en tout cas. Hélas pour nous tous, ce climat en folie n'arrêtera pas sa gigue à l'entrée d'une quelconque zone libre de la planète. Ceux qui vous parlent d'« autonomie énergétique durable » sont probablement les cousins, en tout cas les descendants des braves qui filaient à contresens quand il fallait faire face à la débâcle. Mille excuses pour cette parenthèse qui n'engage que moi.

En tout cas, quinze ans après la constitution du lobby des biocarburants en France, la consigne inavouée, informulée même, est de la fermer. Il faut absolument gommer l'histoire et le contexte, oublier le rôle des gros sous, de l'Europe, de la PAC, dans la formation de cette équipe de rêve vouée à renforcer le rayonnement de la France et de ses si chères autos. Je donnerais volontiers dans ce domaine une mention à Marion Guillou, présidente et directrice générale de l'Inra, notre grand institut agronomique. J'ai eu l'occasion de la croiser pour la rédaction d'un livre précédent [1], et la retrouver ici en si bonne compagnie ne m'étonne guère.

Nous sommes le 21 février 2006 et le palais du Luxembourg, c'est-à-dire le Sénat, accueille un colloque de l'association Tremplin Recherche. Laquelle a été imaginée et créée par un certain Philippe Adnot, sénateur. Pas de problème, nous sommes entre nous. Au reste, il n'y a là que des gens admirables : le ministre de la Recherche François Goulard, le prix Nobel Georges Charpak, le président du Sénat Christian Poncelet, et Philippe Adnot, bien sûr, en puissance invitante.

Et voici qu'arrive à la tribune Marion Guillou, qui commence ainsi : « C'est un honneur pour moi d'intervenir après de si brillants esprits. » Puis, très vite : « Pourquoi une spécialiste de recherche agronomique ose-t-elle évoquer le sujet de l'innovation devant ce parterre prestigieux ? » J'ai le pénible

1. *Pesticides. Révélations sur un scandale français*, avec François Veillerette, Fayard, 2007.

sentiment qu'il faut prendre ce ton au sérieux, au premier degré.

Mais l'intérêt de l'intervention n'est pas là. En 2006, quand Mme Guillou entend expliquer par quel miracle les biocarburants sont à ce point plébiscités, cela donne ceci : « De nombreux spécialistes ont pris conscience des problèmes engendrés par l'effet de serre. Ce phénomène climatique génère des coûts financiers, des risques politiques et humains. Plusieurs filières se sont donc interrogées sur des innovations possibles afin d'utiliser le carbone renouvelable plutôt que le carbone fossile. »

Splendide ! Marion Guillou racontant l'épopée est splendide. Des « spécialistes » prennent conscience de l'importance du dérèglement climatique, et des « filières » se mettent donc à s'interroger. Oui, pas de doute, je visualise très bien les philanthropiques « filières » assises autour d'une table, vers 1992, se demandant gravement comment lutter contre l'effet de serre. C'est crédible. Très.

Les vérités vraies de Jean-Claude Sabin

Sauf qu'en 1992, année du Sommet de la Terre de Rio, les « filières » faisaient feu de tout bois pour empêcher quelque mesure concrète que ce soit, dans quelque domaine que ce soit. Un certain Georges Charpak signait même à ce moment précis un Appel d'Heidelberg violemment anti-écologiste. On raillait ouvertement dans les gazettes les malheureux « lanceurs d'alerte », qui parlaient déjà du dérèglement climatique comme d'un enjeu décisif pour notre avenir commun.

Mais l'important en réalité n'est pas là. Ce qui compte, c'est ce qu'on dit, et plus encore ce qu'on peut dire. Ce qui compte, c'est que Marion Guillou, l'un des plus hauts fonctionnaires de notre pays, peut en toute impunité prononcer de telles phrases depuis une tribune officielle, au cours d'un colloque patronné par le Sénat de la République. Ce qui signifie sans conteste que le tour de passe-passe a réussi, sous notre nez, à notre barbe.

Le plus drôle, sans doute, c'est que la vérité est écrite, et même contresignée par l'un des grands acteurs de l'histoire, Jean-Claude Sabin en personne. Le 13 décembre 2005, la Fondation Pierre Sarrazin remet son prix annuel dans les locaux de l'ENSAT (École nationale supérieure agronomique de Toulouse). Pierre Sarrazin, pour qu'on situe mieux, a créé le groupe France Maïs, devenu Pioneer France Maïs, champion biotech.

Ce jour-là, un beau débat a lieu autour d'un thème cher à M. Sabin : « Comment les agriculteurs peuvent-ils contribuer à l'autonomie énergétique durable ? Solutions individuelles et collectives ». Cela tombe bien, Jean-Claude Sabin est là pour en parler. Librement, tranquillement, comme au coin du feu. Première salve : « Il existe des besoins énergétiques énormes et nous avons disponible l'énergie permanente du soleil grâce aux productions végétales. La création de nouvelles filières industrielles ouvre la voie à de nouveaux débouchés pour l'agriculture. »

Curieux, non ? Voilà qu'on nous parle de besoins énergétiques, sans ajouter le moindre couplet sur le climat. Et de « nouveaux débouchés », comme si ce pouvait être une préoccupation pour les « filières » de Mme Guillou. Que faire, sinon continuer à lire ? Sabin est, sans s'en douter le moins du monde, une mine d'informations. Appréciez à sa juste valeur la manière dont il raconte les débuts de sa petite entreprise devenue géante : « Ce que nous observons aujourd'hui est le résultat d'un travail d'équipe. Tout a commencé en 1974 avec le défi né de la crise du soja, de la nécessité de produire en France des protéines végétales afin d'être moins dépendants de nos importations pour l'alimentation animale. Mais dès le début des années quatre-vingt, avec le développement des oléagineux pour la production de tourteaux, on se pose la question d'un excédent d'huile possible et la recherche de nouvelles utilisations. Différentes idées sont envisagées et des études engagées, telles que la fabrication de plastiques, de lubrifiants, de carburants… »

Certes, et je le déplore, Sabin n'évoque pas ici le tournant majeur de la réforme de la PAC, en 1992. Mais il établit sans contestation possible la véritable cause de cette mobilisation générale en faveur des biocarburants. Elle est commerciale, à 100 %. Ni le climat ni l'écologie n'ont joué le moindre rôle là-dedans. Il y avait un trop-plein d'huile de colza qu'il fallait impérativement vendre, voire fourguer si nécessaire. Le reste n'est que littérature, ne vous déplaise, chère madame Guillou.

Avant de clore ce chapitre, deux points encore. Le premier concerne l'entreprise Soufflet, grand exportateur de céréales menacé de mort, ou presque, par la réforme de la PAC de 1992. Nous avions laissé son patron fort marri, à cette époque, à l'idée que son chiffre d'affaires pourrait passer de 2,75 à moins de 2 milliards d'euros en seulement trois ans. Quinze ans plus tard, je suis ravi de pouvoir rassurer le monde. Soufflet va bien, Soufflet a vaillamment résisté, avec un chiffre d'affaires de 2,715 milliards d'euros en 2005. La sinistre prédiction ne s'est donc pas réalisée. Grâce aux biocarburants ? Eh bien, en partie du moins.

Et pour la région Champagne-Ardenne, à laquelle Philippe Adnot a consacré sa vie de sénateur, c'est une nouvelle rassérénante. Je vous renvoie à un bulletin illisible – mais que j'ai lu – du Réseau de développement technologique de cette région [1]. Ce machin réunit des compétences publiques et privées variées au service d'une grande cause : le transfert de technologie. En font partie des administrations, des entreprises comme le CEA, le Conseil régional, la chambre de commerce et d'industrie. Or que ne lit-on pas dans le numéro si joli de

1. www.champagne-ardenne-tech.fr/-spip/article.php3?id_article=1089.

début 2006 ? Soufflet a décidé d'investir dans l'Aube, chez Adnot, 195 millions d'euros. Pour une usine de biocarburants capable, à terme, de produire chaque année 315 000 tonnes de bioéthanol. Ah, ça ira !

Mais le bulletin ne s'arrête pas là, et il lâche au détour d'une phrase ce qui ressemble à un aveu d'entourloupe. Après avoir élégamment noté que Soufflet « veut sa part du gâteau », le rédacteur anonyme ajoute, dans un style que je me refuse à commenter : « Le pétrole est à un prix élevé et risque de le rester durablement. Il faut trouver d'autres ressources énergétiques. Les politiques l'ont enfin compris. Ils sont poussés par la directive européenne sur l'incorporation de biocarburants dans l'essence et par l'opinion publique. Une tendance lourde à faire dans l'écologiquement correct, effet de serre, réchauffement et dérèglement climatique aidant… »

Ne faut-il pas comprendre, une fois de plus, que l'effet de serre n'est qu'un habillage « écologiquement correct » pour mieux s'approprier une part du bon gros gâteau ?

Renault, Elf, Prost et les autres

Le deuxième point, qui n'est pas sans importance, comme on le verra, concerne la bagnole. Il ne faudrait pas oublier trop vite que ces intenses mobilisations ont pour but final de faire rouler les voitures et les camions, au moins en partie, avec des plantes. Je ne vous lâcherai pas, à ce sujet, sans avoir applaudi encore une fois Jean-Claude Sabin. Ce n'est pas ma faute, après tout, si le grand paysan du Tarn est aussi un immense amoureux du moteur à explosion.

Pour saluer comme il se doit Sabin le pilote de course, il faut revenir une nouvelle fois en 1992. Décidément ! L'étude rapide de la chronologie apporte une énième preuve que le lobby des biocarburants n'est pas un fantasme. En mai de cette année-là, comme nous l'avons vu, la PAC exige des paysans la mise en «jachère» de 15 % des terres. Pierre Bérégovoy, tout nouveau Premier ministre – il est à Matignon depuis avril seulement –, lance aussitôt un vaste plan de soutien à la production de biocarburants. Une belle coordination.

La décision est suivie, en décembre, d'une rencontre émouvante entre Sabin et Claude Mégemont, patron de Géoscan. C'est le début d'une si fructueuse coopération qu'on se demande, sans rire, pourquoi le droit à la bagnole n'est pas simplement inscrit en toutes lettres dans la Constitution. Les deux hommes rêvent à haute voix d'une voiture de compétition qui serait alimentée au Diester, l'un des plus fameux biocarburants de la place. Une monoplace diesel ! Certes, présentée de la sorte, la chose peut sembler peu exaltante. Mais on a tort, car le projet tient de l'épopée.

Je vous résume à pauvres grands traits. En 1993, Renault et Elf entrent en piste. En 1994, l'immense Alain Prost devient le parrain de l'opération. En 1996, lancement d'une compétition, la Coupe de France FFSA Campus Biocarburant. En 2002, Peugeot et Total rejoignent le bal. En 2007, enfin, une superbe «ouature» appelée Diester Cup s'apprête à concourir dans une toute nouvelle course, la Diester Racing Cup.

N'insistons pas davantage. Et posons audacieusement cette question simple : à quel titre Jean-Claude Sabin se lance-t-il en 1992 dans cette affaire hautement sportive ? En tant que conseiller, syndicaliste de choc, paysan du terroir ? Pas tout à fait. M. Sabin se sera trouvé – ou perdu – en route. Chemin faisant, il est en effet devenu le président de Proléa.

Proléa est une association du meilleur goût qui rassemble l'industrie de l'huile et des oléagineux. Derrière le sigle, mais rien ne l'indique clairement, l'agriculture intensive du colza et du tournesol, et des marques comme Lesieur. Il faut croire que Proléa présente mieux que les fées penchées sur le berceau. On y trouve rigoureusement de tout. De gros producteurs, dont ceux de l'Association générale des producteurs de plantes riches en protéines (AFPP). Des industriels comme

Lesieur, propriété du groupe Saipol, ou encore Diester Industrie International. D'éminents financiers comme Philippe Ducroquet, qui représente Unigrains, société d'investissements créée en 1960 par les gros céréaliers français. Faut-il en plus vous faire un dessin ? Si oui, cette minuscule information : Lesieur est depuis des années regardée de très près par les faucheurs volontaires d'OGM chers au cœur de José Bové, car la grande marque est accusée de distribuer, sous différentes étiquettes, des huiles de soja OGM.

M. Sabin aime donc la bagnole, avec une sincérité que nul ne songe à contester. Notons, avant d'oublier, qu'il est aussi le président de Pronovial, une inattendue « agence d'intelligence économique ». Kézaco ? Je dois confesser une certaine perplexité, mais ce dernier petit détail va nous conduire au gouffre, et, pour commencer, au prochain chapitre : Pronovial, c'est l'Ademe, ou presque. L'Ademe, oui, notre grande agence publique « écolo ». Il ne manquait plus que cela.

Chapitre 5

Derrière le rideau de la Comédie-Française

La transformation du blé en blé est aussi l'affaire du ministère de l'Écologie, et surtout de l'Ademe, grande agence publique « écolo ». Cette dernière a créé une structure au service exclusif des biocarburants, Agrice. Seul menu problème : les transnationales y sont chez elles.

L'Ademe, l'Agence de l'environnement et de la maîtrise de l'énergie, c'est formidable. Il faudrait être bien sot pour ne pas adhérer totalement, sans réserve, à ses nobles objectifs. Créée en 1991, l'agence est un établissement public à caractère industriel et commercial, placé sous la tutelle des ministères de l'Écologie, de l'Industrie et de la Recherche. Budget en 2007 : 343 millions d'euros. Nombre de salariés : 820.

Ce n'est pas énorme, mais tout de même. Et, en matière de biocarburants, on peut dire que l'Ademe aura été un acteur majeur, un solide rempart contre les aléas du marché et le cours du pétrole, ce concurrent maudit. Peut-être aussi le paravent d'autres intérêts ? Voyons de plus près. Je ne sais pas réellement comment les choses se sont passées, et je n'essaierai pas d'inventer. Mais une chose est claire : dès 1994, Jean-Claude Sabin, l'homme clé du lobby des biocarburants, a gagné la partie décisive. Lui et ses (nombreux) amis, pour être juste.

AGRICE, SOLIDE TÊTE DE PONT

Oui, car en 1994, la France crée un organisme appelé Agrice, hélas méconnu. Agrice est l'acronyme d'Agriculture pour la chimie et l'énergie. Au moins, les choses sont dites. J'ai lu avec un intérêt réel l'exposé que consacre à l'histoire d'Agrice son directeur, Maurice Dohy. Celui-ci intitule son discours, prononcé au cours d'un colloque, le 9 novembre 2004 : « 10 ans de bioproduits en France : Agrice et les réseaux ». Je n'invente donc rien. Réseaux il y a.

Lesquels ? Suivons le guide, c'est-à-dire M. Dohy. « Le groupement Agrice a été créé en 1994, suite à la réforme de la PAC, avec pour mission l'ouverture de nouveaux marchés dans les domaines de l'énergie et de la chimie. » On pourrait presque s'arrêter ici. L'État, sous couvert d'écologie et de maîtrise de l'énergie, juge donc utile, loisible et plaisant d'ouvrir des marchés à l'industrie chimique.

Mais pas si vite. Après avoir souligné l'intérêt immense des « réseaux » pour la forêt, qui laisse bêtement se perdre un « potentiel » de « biomasse » « mobilisable » « en excédent », Maurice Dohy précise ce qu'est concrètement Agrice. C'est « un groupement d'intérêt scientifique géré par l'Ademe et regroupant 4 ministères, 4 instituts de recherche, l'Anvar, 3 organisations professionnelles agricoles et 7 entreprises industrielles représentatives des principaux secteurs d'application ». Voilà qui est parlé. Agrice rassemble donc des énergies publiques et privées et finance des travaux, lesquels visent à « orienter et aider la recherche technologique appliquée ». Au service de l'industrie. « À titre d'exemple, précise aimablement Maurice Dohy, sur 176 projets terminés, un tiers a débouché sur des produits ou des procédés commercialisés et plus de 50 brevets ont été pris. » Du moins voit-on où passe l'impôt public.

Bien entendu, du côté de l'État, l'Inra, le ministère de l'Écologie, celui de l'Agriculture, le CNRS sont dans le coup. Entre autres. Mais il faut préciser que l'industrie n'a pas envoyé à Agrice des seconds couteaux. Citons par exemple, et chaque nom pèse son – lourd – poids en chiffre d'affaires intensif, le semencier Maïsadour, les tracteurs John Deere, mais aussi Limagrain, géant des OGM, Rhodia – ancien Rhône-Poulenc –, Total, qu'on ne présente plus, ou encore Bayer CropScience, ami de toujours des abeilles et du Gaucho.

Ce serait déjà, en soi, une excellente nouvelle que les transnationales du secteur travaillent ainsi, main dans la main, avec nos hauts fonctionnaires les plus méritants. Mais ce n'est pas tout, car ce n'est jamais assez. Un ébouriffant rapport du Conseil économique et social, auquel Jean-Claude Sabin a longtemps appartenu, remet les choses en perspective, ce qui est bien utile. Ce rapport du 28 avril 2004 s'intitule *Les Débouchés non alimentaires des produits agricoles*. Concernant Agrice, nos conseillers donnent des détails qu'on qualifiera de surprenants. Agrice finance, jusqu'à 50 % de leur montant, des études et des essais qui rapporteront, *in fine*, à la grande industrie. Mais pas question pour autant de savoir précisément où passe cet argent public, car ce serait s'attaquer à une valeur sacrée : le secret industriel.

Attention, ce qui suit est une citation du rapport du Conseil économique et social : « Pour préserver la confidentialité des recherches entreprises sur la base de financements privés, l'Ademe, organisme gestionnaire d'Agrice, n'a pas droit de regard sur l'utilisation de ces crédits, qui peuvent être très importants. Ainsi, un grand groupe chimique français a engagé sur une année un programme de recherche de 2 700 000 euros, soit pratiquement l'équivalent de la dotation budgétaire annuelle d'Agrice. Les entreprises privées conduisent leur recherche en toute confidentialité, mais informent les responsables d'Agrice des thèmes sur lesquels elles ont travaillé. »

Un vrai rêve de libéral accompli : l'État apporte des sous, en partie du moins, et l'industriel les fait fructifier en toute liberté. Pouvons-nous quitter Agrice? Pas encore. Je me permettrai quelques mots au sujet de Maurice Dohy, son directeur.

Responsable de l'Ademe, agence publique, il est depuis des années sur tous les fronts. Les biocarburants, c'est la grande affaire de sa vie. Mais depuis quand, au juste? Aurait-il commencé sa vie à l'Ademe? Non pas. Il a visiblement joué un rôle important dans une société privée installée aux Ulis, Biocom. Ce qui est on ne peut plus légitime. Tout comme le reste : diplômé de l'Institut national agronomique de Paris, Maurice Dohy a beaucoup œuvré pour le triomphe des biotechnologies au service de l'entreprise privée. Et il a, figurez-vous, travaillé au triomphe des plantations agro-industrielles au Brésil.

Cela me plaît. Oui, cela me plaît que les aides publiques au développement des biocarburants soient entre ces mains-là. Je parlerai plus loin, en détail, de ce qui se passe dans ce Sud qui nous intéresse si peu. Mais je ne peux ici résister à l'envie pressante d'évoquer la figure d'un pauvre et ridicule curé espagnol qui a consacré sa vie aux esclaves de la canne à sucre, là-bas [1]. Son nom ne sonne guère castillan : Christopher Hartley Sartorius. Il décrit, dans une lettre à des amis, la réalité des *bateyes*, ces zones où des paysans en haillons qui feraient honte à notre Moyen Âge coupent la canne à sucre, pour nous. Faut-il ajouter que cette canne sert de plus en plus souvent à fabriquer des biocarburants? Surtout au Brésil, pays que connaît si bien et de si près Maurice Dohy?

1. Si vous lisez l'espagnol, voici un article inoubliable : www.elmundo.es/papel/2003/01/05/cronica/1304582.html.

73 260 COUPS DE MACHETTE PAR JOUR

Le journal *The Guardian* du 29 mars 2007 a consacré un article à la capitale des biocarburants au Brésil, Palmares Paulista, située à 370 kilomètres de São Paulo. Des milliers, des dizaines de milliers de gueux du Nordeste échouent là chaque année pour y couper la canne à sucre. Laquelle est désormais destinée aux moteurs de l'Europe et des États-Unis. Une tonne coupée égale 0,75 euro gagné. Les Nordestins affrêtent là-haut, illégalement, des cars eux aussi exténués, et viennent se déverser au milieu des plantations neuves, gagnées sur la nature, sur la forêt. Les mots du père Christopher, que je ne traduirai pas, sont splendides, ne fût-ce qu'à l'oreille : *« Al mirar la caña, tan alta, tan callada, balanceándose de un lado a otro según sople el viento, he aprendido, sobre todo, que la caña habla, habla sí, de la vida y de la muerte de pobres hombres doblados de dolor, doblados de silencio, doblados de cansancio, doblados de sangre y muerte. »*

Il parle évidemment de la canne, si haute, qui se courbe sous le vent, et de l'épouvantable misère qu'elle impose à des millions d'esclaves. Sachez-le, dans les plantations du Brésil – ou de Saint-Domingue ou d'ailleurs – destinées à nourrir nos bagnoles, les hommes sont des chiens, gardés par des loups. Mais j'exagère, puisque aucun loup ne se comportera jamais de la sorte. Maurice Dohy pense-t-il parfois aux hommes épuisés, le soir, d'avoir coupé six tonnes de canne à sucre dans la journée ? Y songe-t-il au moins quand il allume son moteur nourri au bioéthanol ?

La journaliste Lamia Oualalou signe le 21 juin 2007, dans *Le Figaro*, un article bien embêtant pour Dohy et consorts. Quoique. Est-ce si grave ? Ayant enquêté dans la région de Riberao Preto (État de São Paulo), elle nous raconte que la folie de l'éthanol a multiplié par deux le prix de la terre en cinq ans. Les petits paysans disparaissent par milliers, avalés par le monstre. Soit ils se mettent au service des *fazendeiros*, ces gros propriétaires terriens amis des hommes, pour couper la canne, soit ils croupissent dans leurs taudis avant d'aller rejoindre les favelas de São Paulo. Les cultures vivrières sans lesquelles les pauvres ne mangent pas ne sont plus produites sur place, car il n'y a justement plus de place. Quatre-vingt-dix pour cent de la surface agricole est plantée de canne à sucre. Commentaire de Daniel da Silva, syndicaliste agricole interrogé par Lamia Oualalou : « Il faut tout importer d'autres régions : les légumes, la viande, le lait... C'est absurde ! »

Alan Rodrigues, journaliste à l'hebdomadaire brésilien *Istoé*, rapporte le calcul fait par l'université de São Carlos : pour gagner sa vie, un coupeur de canne doit parcourir 9 kilomètres entre les tiges effilées, donner 73 260 coups de machette et fléchir les jambes 36 000 fois. Par jour. Encore lui faut-il aussi transporter 800 tas de 15 kilos sur environ 3 mètres. Par jour. On ne demandera pas à Maurice Dohy de réussir la chose, car il convient de respecter les droits de l'homme.

Les présentations sont donc faites. Le ministère de l'Écologie – il n'est pas seul, c'est vrai – couvre de sa haute autorité la propagande en faveur des biocarburants. En copinant avec l'industrie au sein d'un organisme qui profite sans détour aux transnationales. Mais le dispositif français est plus complexe et ramifié que cela, heureusement pour les biocarburants.

Faisons un saut, d'abord, en Champagne-Ardenne. Cette région est inspirée, à n'en pas douter. D'abord parce qu'elle compte de vrais politiques, garants de l'intérêt général, que nous avons déjà présentés. L'ancien sénateur de la Marne, Jacques Machet. L'ancien vice-président du Conseil régional, Paul Granet. L'inévitable et infatigable Philippe Adnot. On y ajoutera l'actuel président du Conseil régional, l'ex-socialiste Jean-Paul Bachy. La défense des biocarburants, cause nationale s'il en est, échappe aux turpitudes politiciennes.

Jugez par vous-mêmes l'unanimité nationale : le 10 mars 2006, trois grands personnages régionaux se retrouvent dans la petite commune du Mériot, située dans l'Aube. Par ordre alphabétique, Philippe Adnot, maître de cérémonie et suzerain local, Jean-Paul Bachy, seigneur de la région, et François Baroin, excellence parisienne – il est alors ministre de l'Outre-mer – mais aussi longtemps député-maire de Troyes, dans l'Aube bien sûr.

Que fête-t-on ? Un comice agricole ? Presque. Il s'agit de poser, en chœur, la première pierre d'une énorme usine de production de Diester, biocarburant obtenu essentiellement à partir de colza. L'œcuménisme n'est pas de façade, car pour attirer l'industriel ici il a fallu que chacun paie sa part. Sachez que la construction d'une plate-forme trimodale (route, rail, voie d'eau) destinée à accueillir la future entreprise a coûté au total 12 millions d'euros. La région en a investi 4, les communes alentour 4 et Philippe Adnot, je veux dire le Conseil général de l'Aube, 4 également. À ce prix public-là, l'Aube aura donc sa grande usine de Diester.

Nom du bienheureux industriel ? Saipol, ou Société agro-industrielle de patrimoine oléagineux. Un sérieux client qui, après avoir racheté Lesieur, pèse 900 millions d'euros de chiffre d'affaires annuel. Un nécessiteux, on l'aura compris. Attendez la suite. Saipol est la filiale de la société Soprol, laquelle est détenue par la holding Sofiprotéol. Toujours là ? Eh bien, ajoutons que Jean-Claude Sabin, notre préféré, est membre du conseil d'administration de cette puissante société financière, qu'il a fondée et dirigée.

Reposons-nous une seconde. Tout est dans tout, et inversement. Même Soufflet n'est pas loin. Oui, ce pauvre négociant en céréales qui, en 1992, avait si peur de couler à cause de la réforme de la PAC. Eh bien non. Soufflet a eu raison de miser sur les biocarburants, car son groupe fait lui aussi partie de Sofiprotéol, proprio de Saipol. On comprend mieux sa présence le 10 janvier 2006 au Mériot, en compagnie d'Adnot, Bachy et Baroin. La belle usine, c'est un peu la sienne ! Au reste, il bâtit tout à côté, sous son nom propre, une autre unité, destinée, elle, à triturer le blé – au sens premier du terme – pour en obtenir du bioéthanol.

Comme dans un roman de John Le Carré

La région Champagne-Ardenne abrite bien d'autres énergies encore. Du côté de la chambre régionale d'agriculture, par exemple, qui a créé le bureau ARD (Agro-industrie recherche-développement), lui-même à l'origine de deux vaillantes sociétés, Soliance et Bio Attitude. Parmi les belles inventions figurant au catalogue, une crème pour les mains à base d'avoine, de blé et de colza. On en mangerait.

Autre création originale : Europol'Agro, une association née en 1991. C'est une interface entre le monde de l'université et de la recherche d'une part et celui de l'industrie d'autre part. Une grosse réussite qui permet à 200 chercheurs de l'université de Reims (l'Urca), de l'Inra et du CNRS de travailler dans d'excellentes conditions à la « valorisation non alimentaire des agroressources ». Car c'est ainsi qu'on parle désormais dans les laboratoires de la recherche publique. Notez que l'Institut national d'agronomie de Paris-Grignon a créé à l'Urca une unité de valeur appelée « Valorisation industrielle des agroressources ». Si cela vous tente, n'hésitez pas à postuler.

Une telle réussite en entraîne d'autres. La dynamique lancée par Europol'Agro a permis la création d'un Centre national de la recherche technologique (CNRT), très tourné vers « le développement de nouvelles filières de transformation industrielle du végétal ». Enfin et peut-être surtout, Europol'Agro a financé en 1999 une étude sur la faisabilité d'un « Centre d'intelligence économique pour la valorisation non alimentaire des productions agricoles ». Ennuyeux à mourir ? Certes, mais cela va devenir passionnant dans une seconde. Car l'Ademe a aidé à la réalisation de cette étude, dont on serait bien en peine de dire si elle est d'ordre public ou privé. Le financement ne fait, lui, aucun doute : il est public.

Cet argent ne sera pas perdu, car il conduira en 2001 à la mise au point d'une nouvelle machine, appelée Pronovial. Or Pronovial, comme je vous l'ai dit à la fin du chapitre précédent, c'est l'Ademe, c'est-à-dire l'État. Au service de tous, n'est-ce pas ? Pronovial, selon son texte fondateur, « a pour vocation de fédérer les informations socio-économiques, réglementaires, scientifiques et techniques relatives aux valorisations non alimentaires des agroressources sur les marchés internationaux ».

Il faut traduire. L'étude de 1999, celle d'Europol'Agro, a révélé de gros besoins en information. À l'entrée dans le siècle nouveau, l'industrie des biocarburants, c'est l'évidence, manque encore de lubrifiant. Ses acteurs français et européens ne savent pas, du moins en temps réel, ce qui se passe dans les labos et sur les marchés de la planète. Qui leur dira ce que les docteurs Folamour de leur nouvel univers ont encore imaginé la semaine passée ?

Pronovial, bien sûr, promu – on se croirait dans un roman de Le Carré ou de Somoza – « Centre d'intelligence économique ». Ce qui est tout sauf une mince affaire. Imaginé dans un audacieux partenariat entre l'Ademe et Europol'Agro, Pronovial compte parmi ses membres ce qu'il convient d'appeler le gratin de l'agriculture industrielle. Imaginez ! Les betteraviers (la Confédération des planteurs de betteraves), les grands céréaliers (Unigrains), les puissances de l'huile (Sofiprotéol), mais aussi Bayer, l'incomparable Bayer, et même Monsanto, cette transnationale qui se passe de tout commentaire. À quoi il faut ajouter l'industrie chimique allemande (Cognis), L'Oréal et PSA Peugeot Citroën.

La farce est d'un goût parfait, car qui est le président en titre de Pronovial ? Allons, jouez, car vous êtes sûr de gagner. Qui ? Jean-Claude Sabin, évidemment ! Lequel était épaulé, jusqu'à son départ à la retraite, par un vice-président de luxe, le patron de Peugeot soi-même, Jean-Martin Folz. Président de Pronovial : Sabin, le « paysan » du Tarn. Vice-président : Folz, l'un des plus grands patrons français. Voilà une manière franche de dire le poids des biocarburants dans les stratégies industrielles. Et de reconnaître à Sabin sa puissance.

Résultat assuré, et même garanti. On comptait en France, en 2006, 13 millions d'hectares cultivés, dont 750 000 consacrés aux « cultures énergétiques », pour l'essentiel des biocarburants. La puissance du lobby devrait nous conduire à 2 millions d'hectares en 2010. Jean-Claude Sabin a bien mérité de la patrie. Il est le fondateur, je vous le rappelle, de Sofiprotéol (Société financière de la filière des protéagineux et des oléagineux), laquelle a opportunément créé une filiale appelée Diester Industrie. Filiale qui a reçu de notre État impartial 8 des 19 autorisations accordées pour la construction d'usines de biodiesel en France. En volume, cela impressionne davantage : sur les 3,6 millions de tonnes qui devraient être produites en 2010 dans notre pays, 2,3 devraient l'être par Diester Industrie [1]. Ma foi, travailler au corps les institutions peut se révéler judicieux.

Partout la même chose en Europe

Mais il n'y a pas que le biodiesel, je vous rassure. Et je rassure tous les candidats autres que Sabin : il y en aura pour tout le monde. Côté bioéthanol, produit à partir de la betterave, du blé ou du maïs, la France devrait produire autour de 1 million de tonnes en 2010. Trois grands devraient se partager l'essentiel. Des coopératives agricoles, euphémisme commode pour ne point parler d'industrie agricole. Leurs noms ? Tereos, Cristal Union, Champagne Céréales.

1. *Le Monde*, 5 juin 2007.

Tereos, née en 1932, est une entreprise basée dans l'Aisne, en Picardie. Très attractive. Je suppose qu'on y accorde des salaires confortables aux vaillants cadres supérieurs. Je l'espère, même. Car imaginez : pendant des années, Bernard Chaud a été chef du bureau Biomasse, Biocarburants, Bioénergie et Biomatériaux au ministère de l'Agriculture. Un poste public décisif où il se sera heurté durement – les témoignages existent – à ceux qui osaient critiquer les biocarburants. Or que n'apprend-on pas au printemps 2007 ? La France perd l'un de ses grands serviteurs. Chaud rejoint en effet le groupe sucrier Tereos en tant que directeur de projets. Il y sera chargé du « développement des biocarburants et des secteurs connexes dans les domaines de l'industrie, du commerce et de la recherche ». Oh ! quel beau pays !

Champagne Céréales, de son côté, est le premier groupe européen de collecte de céréales et compte 1 500 salariés. Il est basé en Champagne-Ardenne, dans la patrie de Philippe Adnot, sénateur de l'Aube, que j'ai eu grand plaisir à vous présenter. Le groupe a annoncé début 2007 le rachat de l'amidonnier-glucosier Chamtor, de Bazancourt (Marne). Cela fait envie.

D'autant que le troisième larron, Cristal Union, s'est allié au deuxième pour bâtir à Bazancourt, justement, une vaste distillerie qui devrait produire à terme 120 000 tonnes d'éthanol par an. Cristal Union, ce n'est pas rien. C'est le sucre, le bon sucre tout blanc, raffiné de multiples fois, venu (presque) tout droit de la betterave. Cristal Union est l'un des poids lourds français du secteur, avec Tereos, Saint Louis Sucre et le Groupe Vermandoise. Début des travaux prévus à Bazancourt : octobre 2007, juste au moment où ce livre sort. La France est un pays de cocagne.

Et le même schéma, ou peu s'en faut, prévaut ailleurs en Europe. Je n'y insisterai donc pas. Le réseau qui s'appelle Agrice chez nous a pour nom Fachagentur Nachwachsende Rohstoffe (FNR) en Allemagne, Alternative Crops Technology Interaction Network (Actin) en Grande-Bretagne, Agricultura Innovativa per l'Ambiente, la Chimica e l'Energia (AIACE) en Italie, etc. Juste un mot personnel à l'intention du sénateur Philippe Adnot, obsédé par les courses de vitesse, comme son ami Sabin. Un seul mot : accélérons ! Accélérons, car l'Allemagne, pour ne prendre que cet exemple, est, mille fois hélas, gravement en avance sur nous. On peut y vendre du carburant végétal à peu près sans contrôle jusque sur le bord des routes. Encore un effort, amis des biocarburants !

Chapitre 6

Pour en finir avec ce qui reste de forêts

Nigauds de tous les pays, unissez-vous ! Les autorités qui nous guident n'ont plus qu'un mot à la bouche : la biodiversité. Le développement fulgurant des biocarburants achève pourtant les forêts tropicales d'Asie, ravage l'Amazonie et menace le bassin du Congo. On liquide !

Rions un peu, cela détendra l'atmosphère. Dans le registre du comique troupier, saluons Nelly Olin, dont bientôt nul ne se souviendra. C'est dommage car, le 23 novembre 2005, celle qui est alors notre ministre de l'Écologie présente en Conseil des ministres un état de la, retenez votre souffle, Stratégie nationale pour la biodiversité. Enfin ! Le but proclamé est de stopper en France, d'ici 2010, la perte de biodiversité, en priorité première dans le domaine de l'agriculture. Je vous passe les effets de manche et les trémolos, que vous connaissez par cœur. Dans la catégorie « bouffonneries », laissez-moi citer l'ancienne ministre de l'Écologie, Roselyne Bachelot, affirmant en 2004 que la stratégie française pour la biodiversité doit « maintenir la diversité des paysages et améliorer la connectivité écologique », d'autant que la première menace pesant sur la biodiversité est bel et bien « la destruction, la fragmentation et l'altération des habitats [1] ». C'est beau comme l'antique, mais c'est bien entendu faux.

1. www.univ-fcomte.fr/download/developpement_durable/document/references/a6-strategie_biodiversite.pdf.

La preuve immédiate par la «jachère», celle décrétée par la réforme de la PAC de 1992. Cette fameuse «jachère», laissée à l'abandon, c'est-à-dire à la liberté, à la vie, aux bêtes et aux plantes folles. Une aubaine pour des défenseurs résolus de la biodiversité ordinaire. Selon les années, les surfaces varient, mais en 2002, par exemple, la France comptait 1,3 million d'hectares de «jachère». C'est énorme!

Or il y a urgence, et pas parce que Mme Bachelot s'en avise soudain. Les zones urbanisées ont en effet augmenté de 20 % en seulement douze ans, selon la Ligue pour la protection des oiseaux. Dans le même temps, l'Observatoire des oiseaux communs montre en quinze ans une baisse de 29 % des oiseaux fréquentant les milieux agricoles de France. La «jachère» est donc une occasion unique, inespérée, de laisser souffler la nature banale de notre vieux pays, oiseaux des champs compris. Oui, mais le colza, le tournesol, la betterave, le blé, les engrais, les pesticides, la sacro-sainte bagnole?

J'extrais d'un document officiel du ministère de l'Agriculture datant de février 2005 ce chiffre qui tue la moindre discussion à ce sujet : à l'horizon 2010 – nous y sommes quasiment –, la France devra – DEVRA – compter entre 1,5 et 2 millions d'hectares de terres agricoles dédiées aux biocarburants. Adieu donc à la «jachère». Et n'hésitez pas à glousser si un quelconque officiel ose encore vous parler de «stratégie française pour la biodiversité». Glousser est tout de même moins triste que pleurer, même si cela y ressemble beaucoup.

L'Indonésie dans le *Guinness*

La France est donc dans la pantomime habituelle. Et le monde? Dans la tragédie, comme il se doit. Cela fait déjà quelques années que la grande manipulation des biocarburants fait tiquer, d'un bout à l'autre de la planète, les écologistes les plus lucides et les plus cohérents. Gloire, honneur sincère à ceux de la fédération internationale les Amis de la Terre. Dès septembre 2005, cette association a publié une étude effarante selon laquelle, « entre 1985 et 2000, le développement des plantations de palmiers à huile a été responsable de 87 % de la déforestation en Malaisie ».

Or une partie croissante de cette huile part désormais dans des « bioraffineries » destinées évidemment à produire des biocarburants. Pour une raison essentielle : le palmier à huile est l'oléagineux le plus productif de tous. Sur un bon terroir, il a besoin de dix fois moins de surface que le soja pour produire la même quantité d'huile. C'est l'Eldorado à portée de tous les mafieux du Sud, qui sont légion. Les chiffres sont généralement incertains, mais pas toujours. On apprenait ainsi en mai 2007 que l'Indonésie, deuxième producteur mondial après la Malaisie, allait entrer dans le *Guinness des records*. Et pour quelle raison ? Parce qu'elle est devenue le pays qui détruit le plus vite ses forêts. Elle a déjà perdu 72 % de sa surface forestière primaire et abat encore l'équivalent de 300 terrains de football par heure. Ces chiffres appellent-ils d'autres commentaires ? Certes, tout ne devient pas plantation de palmiers à huile. Mais aucun secteur ne connaît une croissance aussi rapide. Employer le mot « croissance » pour parler de destruction, de désastre, n'est-ce pas une excellente illustration de la novlangue qui a cours dans l'univers marchand ?

Au passage, en tuant à jamais sa forêt tropicale, l'Indonésie est devenue le troisième plus gros émetteur de gaz à effet de serre au monde. Juste derrière les États-Unis et la Chine. Il faut parler de triomphe. D'autant que l'industrie forestière, en Indonésie, est essentiellement mafieuse. Les incendies dantesques, bibliques qui ravagent ce pays, surtout depuis 1997, emplissent d'une fumée toxique un grand nombre de villes du continent, saison après saison. Du continent, j'y insiste. Singapour ou Kuala Lumpur, pourtant distantes de centaines de kilomètres, doivent apprendre à (sur)vivre avec la fumée de cette Apocalypse. Les îles Mariannes, à 3 500 kilomètres, sont elles aussi touchées. On estime – mais comment savoir ? – que la santé de plus de 75 millions d'humains a été affectée d'une façon ou d'une autre par les incendies d'Indonésie. Et les derniers orangs-outans des ultimes lambeaux de forêts primaires sont maintenant menacés d'asphyxie, purement et simplement. Le journaliste britannique Ian MacKinnon, du quotidien *The Guardian*, raconte l'enfer de Dante en rentrant d'un reportage à Kalimantan (Bornéo). Quatre-vingt-dix-huit pour cent des forêts pluviales d'Indonésie et de Malaisie auront probablement disparu dans quinze ans au plus à cause de la flambée des biocarburants. Et le journaliste cite dans son article le responsable d'un service de cartographie par satellite, Willie Smits. « Si l'on regarde de près, assure ce dernier, les zones où les entreprises ont reçu l'autorisation de planter des palmiers sont celles qui sont occupées par des forêts à haute valeur écologique. »

Les propriétaires de ces plantations considèrent d'ailleurs les orangs-outans comme une espèce nuisible, car ils mangent de bon cœur les jeunes pousses de palmiers. On imagine la suite, notamment les primes versées aux *snipers* locaux pour chaque animal abattu. En fait et en réalité, l'orang-outan fait partie de la liste considérable des espèces condamnées par le palmier, où figurent aussi l'éléphant asiatique et le tigre de Sumatra. Personne n'est capable de compter les batraciens, les oiseaux, les insectes, les plantes qui les suivront dans la grande tombe universelle.

Ce n'est qu'un début, l'incendie continue. Selon Christian Berdot, responsable des Amis de la Terre [1], l'Indonésie prévoit de transformer 16,5 millions d'hectares de forêts tropicales en plantations industrielles de palmiers. Et la Malaisie, de son côté, 6 millions. Que restera-t-il ? Rien. L'agence Reuters a

1. www.hns-info.net/article.php3?id_article=10616.

interrogé sur place, fin mai 2007, Rully Sumada, un expert forestier. Selon lui, 60 % des prétendues zones protégées sont gravement dégradées à cause de l'exploitation sauvage du bois à destination de la Chine et des plantations de palmiers pour les biocarburants. La vitesse actuelle de la déforestation en Indonésie serait de 2,8 millions d'hectares par an. Je maintiens : il ne restera très bientôt plus rien. À ce rythme, dès 2022. Dans moins de quinze ans, on parlera au passé d'un des plus extraordinaires écosystèmes de la planète.

L'Afrique enfin récompensée

Et l'affaire est évidemment mondiale. Au printemps 2007 a eu lieu en Afrique la première course transafricaine alimentée aux biocarburants. Un « voyage d'étude sur la route du codéveloppement », sponsorisé par France 5, les assurances AGF et le géant pétrolier Total. Il fallait oser monter cette opération à la gloire des carburants – les arachides marchent aussi – sur ce continent. Mais les marchands vendent, de toute éternité. Et le convoi « sportif » n'aura pas oublié de passer par le Cameroun, où le groupe Bolloré, grand ami de notre nouveau président de la République, contrôle 40 000 hectares de palmiers à huile, toujours selon Christian Berdot. Mais qui s'intéresse au rôle *réel* des industriels français en Afrique ? Qui se soucie de savoir que la fortune de Bernard-Henri Lévy provient largement de la destruction de la forêt tropicale en Afrique de l'Ouest ? Son père André, aujourd'hui décédé, a dirigé là-bas dès l'après-guerre l'une des plus grosses entreprises forestières de la région, la Becob. Il fut à ce titre nommé par Houphouët-Boigny, héros indépendantiste bien connu, officier de l'Ordre national ivoirien.

Je doute que la télé de Vincent Bolloré, Direct 8, propose jamais un grand reportage sur ce qui se passe vraiment en Afrique. C'est d'autant plus dommage que l'industriel breton, selon les journalistes Nathalie Raulin et Renaud Lecadre [1], est en train de devenir à lui seul ou presque le grand réseau Françafrique de demain. Mais rêvons, ce n'est pas encore interdit, et indiquons une piste aux équipes télé : le Cameroun. Un journaliste africain a réussi là-bas ce qu'aucun de chez nous n'a tenté : une véritable enquête.

Ce journaliste s'appelle Sylvestre Tetchiada et il a publié en janvier 2007 un article retentissant pour l'agence sud-africaine Inter Press Service. Que dit-il ? Tout, du moins sur les biocarburants au Cameroun. Il y a plus de vérité dans ce texte que dans les milliers de journaux télévisés du Nord. Pour une première raison, évidente : Tetchiada est allé parler aux paysans, aux villageois expropriés, à ceux qui vivent et dépendent de la grande forêt.

Les chiffres qu'il rapporte sont limpides : dans le sud du Cameroun, 108 000 hectares de terres sont plantés de palmiers à huile. Et, de 2001 à 2006, 30 000 hectares de forêt y ont été défrichés pour laisser la place à ce nouveau « produit ». Le biodiesel explique en large partie cet engouement, car les marchés occidentaux se battent pour l'importer. Trois sociétés se partagent localement le gâteau : la Socapalm, la Safacam et la Ferme suisse.

Commentaire de Jean Momo, ingénieur au ministère de l'Agriculture et du Développement rural : « Avec l'aide du Fonds monétaire international et de la Banque mondiale, nous voulons établir d'ici à 2010 environ 50 000 hectares de plantations supplémentaires, pour un objectif de 250 000 tonnes. » Commentaire de Marie Mendouga, responsable d'une ONG de Yaoundé : « Le défrichage en vue de la plantation de palmiers est l'une des causes principales de la déforestation du pays et des incendies de forêts. » Commentaire d'Odette Lobe, présidente du Comité de développement villageois de Nyete : « Notre histoire, c'est l'histoire silencieuse des forêts

1. Nathalie Raulin et Renaud Lecadre, *Vincent Bolloré. Enquête sur un capitaliste au-dessus de tout soupçon*, Denoël, 2000.

disparues pour devenir des plantations. C'est l'histoire des cultures ancestrales et [des populations] transformées en prolétariats ruraux. Leurs voix demandent qu'on arrête la destruction proposée par les promoteurs du biodiesel. »

Et toute l'Afrique est bien entendu concernée. En République démocratique du Congo, le désastre menace directement le bassin du Congo, merveille des merveilles. Le ministre d'État à l'Agriculture vient de signer, à Kinshasa la sulfureuse, un énorme contrat avec une société chinoise, ZTE International. Il s'agit de produire de l'huile de palme sur 3 millions d'hectares dans les provinces de l'Équateur et de Bandundu, dans la province Orientale et dans une partie de la province du Kasaï-Occidental. Non, je ne dirai rien de la manière dont ces contrats sont négociés, de ce qu'ils impliquent fatalement. À quoi bon ? Trois millions d'hectares !

Au Mozambique, passé au lance-flammes pendant des décennies, le marché renaît enfin. Un certain Antonio Saide, « directeur national pour les nouvelles sources d'énergie renouvelable » – mazette –, vient de lancer un ultimatum. Rien que cela. Le monsieur exige un rapport immédiat de consultants occidentaux sur la production de biocarburants. Car ce pays détruit par la guerre civile piaffe, du moins les quelques personnes directement intéressées. Il s'agit, là encore, de lancer au plus vite un vaste plan de production d'éthanol et de biodiesel.

Et je pourrais parler de la sorte de chaque pays subsaharien, sans en omettre aucun. Car la fièvre de l'or, de cet or vert qui alimente et alimentera à coup sûr de plantureux comptes à Zurich ou aux îles Caïmans, rend folle toute une génération africaine de prédateurs de leurs propres peuples.

Ces excellentes nouvelles ne semblent pas atteindre le président sénégalais Abdoulaye Wade, grand libéral s'il en est. En visite au Brésil – ce Brésil cher au cœur de Maurice Dohy – du 15 au 17 mai 2007, il est tombé dans les bras du socialiste Lula. Sur fond de biocarburants, bien sûr. Wade, enthousiaste comme savent l'être ces idéologues, a déclaré à Brasilia : « Nous avons décidé de lancer la production de biocarburants non seulement au Sénégal mais dans toute l'Afrique, en tenant compte des expériences brésiliennes. » Et, de son côté, Lula, après avoir souligné l'avance technologique brésilienne, a promis qu'il ne se contenterait pas d'aider le Sénégal : « Sous le leadership du Sénégal, nous voulons étendre cette initiative aux autres pays africains, non producteurs de pétrole. » Hosannah !

Pour notre étape suivante, latino-américaine, je vous livre volontiers cette ultime citation de Christian Berdot : « Cela n'empêche pas des "experts" français d'estimer que 15 à 20 millions d'hectares de surfaces agricoles sont disponibles à l'achat en Amérique du Sud. Le fonds français Pergam investit au Paraguay, où "les centaines d'hectares de maïs et de soja disponibles sont autant de barils dormants de carburant vert du style éthanol, dont la demande mondiale devrait exploser dans les années qui viennent". Une étude récente de la BNP précise : "Les matières premières agricoles sont des actifs extrêmement peu chers, pour lesquels la demande est en train d'exploser et pour lesquels l'offre s'affaiblira." » Qu'en dites-vous, franchement ? La BNP, je suis prêt à le parier, propose aussi à ses nigauds de clients des placements éthiques.

Pendant ce temps, l'Argentine, l'Uruguay, le Paraguay et bien entendu le Brésil se couvrent de millions d'hectares de soja transgénique, dont une part de plus en plus importante destinée aux biocarburants, comme il se doit. J'ai sous les yeux une déclaration poignante d'associations paysannes du Paraguay, en date du 24 avril 2007. Ce document, dit « déclaration de Chake Ñuha », décrit un désastre complet, causé pour l'essentiel par l'expansion sans fin du soja, souvent OGM, lequel est désormais destiné en grande part aux biocarburants. « La surface cultivée en biocarburants ne peut se faire qu'au travers d'une expansion exponentielle de monocultures, à grande échelle, et au prix de la coupe des forêts, ou du remplacement des cultures existantes et de l'expulsion des petits producteurs ou des populations indigènes. »

UNE OPEP VERTE ET BRÉSILIENNE

Il faut bien comprendre les enjeux géostratégiques d'une telle entreprise pour le Brésil du grand homme de gauche qu'est Lula. Il s'agit d'ancrer définitivement ce pays dans le club des grands en offrant un mode concret de remplacement du pétrole aux pays du Nord qui dépendent des maîtres chanteurs du Golfe (et, au passage, du Venezuela). On parle chez ces gens-là d'une « OPEP verte », qui rassemblerait les producteurs du Sud livrant au Nord du carburant prétendument écologique dans le même temps qu'ils échouent tragiquement à nourrir leurs peuples.

Mais il va de soi que l'OPEP « canal historique » n'entend pas perdre pouvoir et dollars sans réagir. Et elle a commencé de le faire, utilisant sans façon l'arme du chantage. Ainsi Abdallah el-Badri, secrétaire général de l'OPEP, a-t-il averti fin juin 2007 que le cartel du pétrole pourrait bien, si l'on continue à investir de la sorte dans les biocarburants, faire la grève des investissements. « Nous investissons actuellement, a-t-il déclaré à l'AFP, 130 milliards de dollars d'ici 2012 sur 140 projets pour augmenter notre production. » Et, entre 2012 et 2020, de 230 à 500 milliards de dollars pourraient être utilisés pour créer de nouvelles capacités de forage et de raffinerie.

Sans ce travail-là, devenu indispensable après des décennies de sous-investissements, l'économie mondiale est menacée en son cœur. « Supposez, note Abdallah el-Badri, que dans dix ans la production de biocarburants n'est pas aussi élevée que prévu en raison de la concurrence avec le pétrole, la terre disponible, la nourriture. Alors il y aura une pénurie de pétrole brut. » Et, pour achever d'être clair, il conclut : « Si nous recevons des informations selon lesquelles la demande pétrolière va baisser, c'est notre droit de réallouer nos investissements. Nous pouvons dépenser de l'argent dans l'éducation, le logement. » On se pince, on se pincerait si l'on avait encore 8 ans. Retenez les princes du pétrole, ou ils feront un malheur. Retenez-les, car sinon ils satisferont enfin les besoins réels de leurs peuples.

Revenons-en à Lula. Pour un distingué politique comme lui, ivre de puissance, obsédé par la trace microscopique qu'il entend laisser dans l'histoire, la tentation de détruire est fatalement la plus forte. Le résultat, au Brésil, est d'ores et déjà éclatant. Dès 2005, Lula confiait à Décio Gazzoni le soin de créer un programme national agro-énergétique. Cet ancien agronome – a-t-il croisé là-bas notre Maurice Dohy national ? j'en jurerais – est du genre radical, et il faut l'être pour faire avancer les choses. Fin 2006, sans soulever la moindre protestation, Gazzoni déclarait tranquillement : « Nous devons être pragmatiques et permettre le reboisement de l'Amazonie avec du palmier africain [1]. »

Attention à ne pas calomnier. Gazzoni parlait soi-disant des immenses pâturages gagnés sur la forêt depuis des décennies, et qui sont souvent très dégradés sur le plan écologique. Ce qu'il propose est donc une « bonne action » au service de tous. Un merveilleux reboisement. Une miraculeuse « reforestation », digne des plus loufoques contes de fées jamais racontés aux enfants tarés. Car, évidemment, cela n'arrivera jamais.

Les causes en sont si évidentes que j'ose à peine les écrire. La déforestation va continuer pour les raisons qu'on sait. À la classique lutte pour la terre dans un pays aux mains des latifundiaires se mêlent déjà des besoins croissants d'espace pour nourrir les troupeaux que notre immense demande de viande exige. Sans compter le commerce de bois tropical, devenu fou.

1. Textuellement : *« Teremos que ser pragmáticos e permitir o reflorestamento da Amazônia com palma africana »* (*Dinheiro Rural*, n° 25, p. 16).

L'explosion des biocarburants, au beau milieu de ce qui est déjà un désastre écologique sans égal, ne peut que provoquer pire. Dans les reportages télévisés brésiliens, on présente déjà les tenants de plantations de soja ou de canne à sucre comme des propriétaires de champs de pétrole. Ils sont les héros du nouveau monde et du grand tournant biotechnologique.

Au passage, la polémique sur les OGM s'en trouve soudainement apaisée, du moins au Brésil, où Lula fait valoir qu'il n'y a plus lieu de protester puisque ce soja transgénique ne sera plus consommé par les humains, mais mélangé à du pétrole pour faire rouler les milliards de bagnoles en construction. Monsanto et quelques autres charmantes compagnies, comme Cargill, à ce que je crois savoir, ne se montrent pas trop peinées par la tournure que prennent les choses.

Vous avez bien le droit de douter de tout cela. Mais, en ce cas, tendez l'oreille, écoutez ce que nous dit Silvia Salgari, experte auprès de la Banque interaméricaine de développement (BID). En mai 2007, cette noble personne, intervenant au cours d'une conférence internationale sur les biocarburants tenue à Buenos Aires, a estimé : « Les projets de développement dans le secteur des biocarburants vont nécessiter quelque 200 milliards de dollars d'investissements pour augmenter la capacité de production d'ici les quatorze prochaines années. » En Amérique latine, je m'empresse de le préciser. Et seulement pour « augmenter la production ».

Au cours de ce même rendez-vous, un certain Juan Carlos Iturregui, président du FIAD, fondation privée pour le développement en Amérique latine, a estimé que le sud du continent pourrait, à condition d'être accueillant, « capter 100 à 125 milliards de dollars d'investissements par an ». Encore deux chiffres, tirés de la même source [1], et je vous laisse en paix. Un – un seul – fonds d'investissement argentin, Centinela, prévoit d'acheter 250 000 hectares destinés aux bio-

1. www.biodiesel.com.ar/?p=243 en espagnol, et www.romandie.com/infos/news2/070512103157.yjdl4wm5.asp en français.

carburants. Et Beatriz Nofal, présidente de l'Agence publique argentine pour le développement et les investissements, envisage sereinement que 30 millions d'hectares nouveaux soient plantés en biocarburants dans les années qui viennent. Il est possible que cela ne vous dise rien. Ou que cela vous tourne la tête. C'est bien normal, car nous parlons là d'un tsunami, phénomène par trop étranger à l'expérience humaine.

Favela, un si joli nom

Autour de 1850, l'immense naturaliste William Henry Hudson [1] parcourut pendant quinze années, à cheval, la grandiose pampa argentine. On rencontrait là-bas à l'époque des aigles et des pumas, des tempêtes de libellules et des guanacos. Lisez plutôt : « La dernière fois que je vis l'herbe pampéenne dans sa beauté intégrale, ce fut à la fin d'une brillante journée de mars qui se termina par un de ces parfaits couchers de soleil qu'on ne voit que dans les solitudes où aucune maison, aucune haie ne gênent par leurs contours le désordre enchanteur de la nature, où les teintes de la terre et du ciel sont en parfaite harmonie. »

En 1879, le gouvernement argentin décida de se lancer dans la *conquista del desierto*, la conquête du désert de la pampa, jusqu'en Patagonie. Et il le fit, vendant aux marchands, surtout anglais, des millions d'hectares qui seraient ensuite voués au mouton.

Cela recommence. Considérant que la Patagonie ne sert à rien, les gouvernements locaux de Chubut, Río Negro et Neuquén viennent d'annoncer qu'ils donnaient le pays aux biocarburants. Au soja, au colza, aux eucalyptus, éventuellement transgéniques. Il ne reste plus que quelques détails à régler, dont celui de l'irrigation. Mais ce sera fait, n'ayez

1. Lire son chef-d'œuvre, *Sous le vent de la pampa*, Payot, 2002.

crainte. La technologie est venue à bout de difficultés plus considérables.

Au fait, le saviez-vous ? Le jatropha est une plante exceptionnelle pour fabriquer des biocarburants, et je gage qu'on ne tardera pas à en reparler. Dans le genre, une mention spéciale pour *Jatropha phyllacantha*, plante du Brésil. On l'appelle aussi *favela*, comme les gentillets bidonvilles de là-bas. Drôle, non ?

La bagnole, notre belle bagnole rutilante, va achever ce qui reste de forêts tropicales et de pampas ici et ailleurs. S'il vous plaît, ni fleurs ni couronnes.

Chapitre 7

Pour une faim résolument durable

Nos bons amis sont étranges. Après avoir clamé pendant cinquante ans que leur seul but était de nourrir le monde, voilà que leur nouvelle lubie consiste à l'affamer davantage. Se moqueraient-ils de tout, et du reste ?

Mourir de faim, aujourd'hui. Aucun de nous ne fera cette expérience. Du coup, aucun de nous n'a ni n'aura jamais – prions – la moindre idée réelle de ce que signifie se battre pour quelques calories. Je viens de rouvrir chez moi, alors qu'il fait bon, et doux, alors que chauffe gentiment mon café, le livre de Robert Linhart, que j'avais lu à sa sortie en 1980. Son titre est un programme : *Le Sucre et la Faim. Enquête dans les régions sucrières du Nord-Est brésilien* (Minuit). J'en extrais une phrase, sans doute la plus connue de cet ouvrage si justement fameux : « L'agriculture ne sert plus à nourrir les populations, mais à produire des devises. » L'ancien métallo Lula a pris le pouvoir à Brasilia, puis l'a conservé, et rien n'a changé.

En mars 2007, le président américain Bush a même passé deux jours au Brésil, signant avec l'ancien responsable du Parti du travail un accord « historique » sur la promotion conjointe des biocarburants. Le Brésil et les États-Unis sont désormais alliés dans l'entreprise qui consiste à vendre, massivement si possible, des biocarburants, notamment en Amérique centrale et aux Caraïbes. Bush s'est permis un bien beau commentaire au passage : « Collaborer pour l'avenir de l'humanité est de bon sens. » Mais il a refusé, naturellement, de renoncer aux taxes douanières sur l'importation d'éthanol. Point trop n'en faut.

Au Brésil, plus de 80 % des nouvelles immatriculations sont Flex Fioul. L'expression est neuve, et il va falloir l'apprendre. Elle veut dire que ces engins acceptent de rouler à l'éthanol venu de la canne à sucre. Ou à l'essence habituelle. Ou encore au mélange des deux. Ceci expliquant largement cela, Lula a signé dans le quotidien *The Washington Post*, au moment où son nouvel ami arrivait, un article qu'on qualifiera d'intéressant. Il y proclamait notamment : « L'éthanol n'est pas une menace directe pour la forêt tropicale, car les sols d'Amazonie sont très peu favorables à la canne à sucre. En outre, grâce aux engagements constants du Brésil, la déforestation y a reculé de 52 % au cours des dernières années [1]. »

Castro-Chávez contre Bush-Lula

Apprécie-t-on à sa juste valeur le jésuitisme génial de ce propos ? Et d'un, comme dirait Fandorine, le grand détective créé par Boris Akounine, la menace n'est pas directe. Autrement dit, qu'importe ? Et de deux, les sols d'Amazonie ne sauraient porter que peu de canne à sucre. Ce qui est vrai, mais Lula oublie simplement de préciser que son plan va mobiliser des millions d'hectares aujourd'hui utilisés pour le bétail, qui seront demain plantés en canne. Et que les défricheurs, pour les remplacer, défricheront. Les forêts. Et de trois, les statisticiens brésiliens sont les meilleurs du monde, de loin. 52 % ! Qui ignore que les chiffres fournis par le Brésil concernant l'Amazonie ont toujours, *toujours*, été politiques ? Une année la déforestation augmente, une autre elle diminue,

1. Luiz Inácio Lula da Silva, « Our biofuels partnership », *The Washington Post*, 30 mars 2007, p. A17.

en fonction des intérêts supérieurs du moment. Personne, pas même Sa Seigneurie Lula, ne sait la vérité. Quant à défendre un chiffre pareil au pour cent près, c'est grandiose, ce n'est plus humain. C'est donc divin.

À moins, plus banalement, qu'il ne s'agisse d'un mensonge organisé ? Le Brésil produit aujourd'hui 490 millions de tonnes de canne à sucre par an, et pourrait atteindre selon le gouvernement, « grâce » à l'éthanol, 730 millions de tonnes en 2012. À cette date, la production d'éthanol pourrait se situer autour de 38 milliards de litres, contre 17,7 en 2007. Champagne, monsieur Lula ! Pourquoi ne pas commencer à festoyer avec ce grand philanthrope qu'est George Soros ?

Un mot sur ce financier, « de gauche » lui aussi, ami proche des démocrates américains, adversaire « résolu » de George Bush. Spéculateur invétéré, à la tête d'une fortune de plusieurs – 7 ? – milliards de dollars, il vient d'investir 900 millions de dollars dans l'éthanol au Brésil. Je prends le pari que les États brésiliens du Goiás, du Mato Grosso, du Minas Gerais découvriront sous peu les immenses talents de George Soros.

Le militantisme de Lula se heurte en Amérique latine, on se demande pourquoi, à une forte opposition. Il faut bien parler là du vieux Castro, qui a recouvré en partie sa santé pour l'occasion. Avant que de citer le dictateur, un rappel sur l'homme. En 1962, au moment du bras de fer entre Moscou et Washington sur les missiles installés à Cuba, Castro incitait Khrouchtchev à se lancer dans la guerre thermonucléaire. Autrement dit, cet humaniste incandescent avait pris en otage un peuple maintenu dans l'ignorance la plus totale, et envisageait avec bonheur son holocauste. Comme on dit chez ces excellents personnages, *patria o muerte*.

Néanmoins, et le paradoxe n'est pas mince, Castro a écrit le 6 avril 2007 dans *Granma*, quotidien stalinien de son pays, un texte utile sur les biocarburants, en opposition frontale avec la politique menée par Lula au Brésil. Le mieux est d'en livrer un extrait :

« Personne [...] n'a répondu à la question cruciale : qui va fournir les plus de 500 millions de tonnes de maïs et d'autres céréales dont les États-Unis, l'Europe et les pays riches ont besoin pour produire la quantité d'éthanol que les grandes compagnies des États-Unis et d'autres pays exigent en contrepartie de leurs lourds investissements ? Qui va produire le soja, les graines de tournesol et de colza dont les huiles essentielles vont être converties en carburant par ces mêmes pays riches ?

« Un certain nombre de pays produisent des aliments et exportent leurs excédents. L'équilibre entre exportateurs et consommateurs était déjà tendu, si bien que les cours ont flambé. Pour être bref, je dois me borner à signaler ce qui suit.

« Les cinq principaux producteurs de maïs, d'orge, de sorgho, de seigle, de millet et d'avoine, ces grains que Bush veut convertir en matière première pour la production d'éthanol, en écoulent 679 millions de tonnes sur le marché mondial, selon des chiffres récents. De leur côté, les cinq principaux consommateurs, dont certains sont aussi des producteurs de ces grains, ont besoin aujourd'hui de 604 millions de tonnes par an. L'excédent disponible est donc de moins de 80 millions de tonnes.

« Or ce gaspillage colossal de céréales, sans parler des graines oléagineuses, pour produire du carburant permettrait aux pays riches d'économiser à peine moins de 15 % de ce que consomment leurs voraces automobiles. »

Quoi qu'on pense au fond du tyran, le fait est qu'une sorte de nouvelle guerre froide, pour reprendre l'expression du journaliste Fernando Muñoz, est en cours sur le continent américain. D'un côté l'axe Lula-Bush, de l'autre celui qui relie Castro au président vénézuélien Chávez. Ces deux derniers, comme on va le voir, ont des arguments solides à faire valoir.

Car, bien entendu, dans le monde réel, produire massivement des biocarburants ne manque pas d'avoir des conséquences réelles, et en chaîne. Il est même plaisant de souligner que, pour l'heure, les biocarburants ne représentent que 1 % de l'essence consommée à travers le vaste monde. Qu'en sera-t-il quand ses promoteurs auront fait monter ce pourcentage à 3, 5 ou plus, s'ils y parviennent ? D'ores et déjà, la pression exercée par cette manne sur le prix des denrées alimentaires est énorme.

Voyons le cas le plus évident, celui du Mexique. Il s'en passe de belles au pays des Aztèques et de la tortilla de maïs, cette galette qui est l'aliment de base de dizaines de millions de personnes. Quel rapport avec les événements qui se déroulent au nord de la frontière, au-delà du Río Grande ? Trois fois rien. Aux États-Unis, le département de l'Agriculture, l'agence fédérale appelée USDA, a révélé au printemps 2007 que les paysans industriels du pays s'apprêtaient à battre un record vieux de soixante-trois ans. Ils sèmeront cette année davantage de maïs qu'ils ne l'ont fait depuis 1944. À terme, prévient l'USDA, le « revenu agricole » des Américains ne pourra que monter. Là-bas, 118 usines de production de biocarburants existent déjà et le quart – le quart, je préfère insister – du maïs produit devient du biocarburant. Mais on parle d'une proportion atteignant la moitié dans un tout petit nombre d'années.

LA RÉVOLTE DE LA TORTILLA

Le résultat assez prévisible, c'est que les cours de cet extraordinaire végétal grimpent. Pardi ! Les États-Unis produisent en effet 40 % du maïs mondial. L'éleveur américain Greg Boerboom est au bord de la faillite : ses 37000 porcs engloutissent d'énormes quantités de maïs, lequel est passé en 2006 de 2 dollars par boisseau (25 kilos) à 4 [1]. Les prix de la volaille, du soja, voire… des sodas pourraient suivre la même direc-

1. *Le Point*, 2 février 2007.

tion. En Europe même, dans un pays comme l'Allemagne, on redoute une augmentation de 10 % du prix du pain. Pour commencer. Mais après tout ces augmentations ne concernent que des pays où la faim reste à peu près inconnue. Et ailleurs ?

Revenons donc au Mexique. Là-bas, un pauvre, c'est-à-dire un homme, mange aisément 180 kilos de tortillas par an. C'est du pain, si vous préférez. Comme on en mangeait chez nous voici un siècle et plus. Mais au début de l'année 2007, grâce et surtout à cause des biocarburants, le prix de la tortilla est passé en quelques jours de 5 à 10 pesos le kilo. Une augmentation de 100 %. Cargill, une transnationale comme on les vénère, achetait la tonne 175 dollars en novembre 2006 avant de la revendre 350 en janvier 2007 [1].

Le petit peuple, qui est grand, est évidemment descendu dans la rue aux cris de *« Tortilla, si ! PAN, no ! »*, jeu de mots autour de *pan* (« pain ») et de PAN (Parti d'action nationale), le parti au pouvoir. Ce dernier a reculé, bien obligé, car l'émeute était sur le point de s'étendre à l'ensemble du pays. Pour l'année 2007, de massives importations de maïs pourraient calmer le jeu. Mais en 2008 ? Mais après, mais au-delà, mais ailleurs ? Les biocarburants sont en train de déstabiliser toute l'économie mondiale des céréales, déjà dans un état affreux.

Les chiffres sont d'une clarté de cristal, à commencer par ceux de la Banque mondiale, qui estimait en 2001 à 2,7 milliards le nombre d'humains vivant avec moins de 2 dollars par jour. La moindre augmentation du prix de produits aussi vitaux que le maïs, le blé ou le riz ne peut que provoquer chez eux la faim et son cortège de misères. Mark Rosegrant, l'un des directeurs de l'IFPRI (International Food Policy Research Institute), à Washington, a tenté d'estimer l'évolution du prix de certaines denrées. Selon lui, celui du maïs pourrait augmenter de 20 % en 2010 – demain – et de 41 % vers 2020. *Idem* pour d'autres produits agricoles : 26 % et 76 % aux

1. Voir l'article de Patrice Gouy, journaliste de RFI, sur www.rfi.fr/actufr/articles/085/article_48949.asp.

mêmes dates pour les huiles de soja, de colza et de tournesol ; 11 % et 30 % pour le blé ; et pas moins de 33 % et 135 % pour le manioc. Au cas – pas si improbable – où vous ne le sauriez pas, le manioc est un aliment de base pour des centaines de millions d'hommes d'Asie, d'Afrique et d'Amérique. Au nord du Brésil, dont parlait Linhart en 1980, le mot *farinha* (« farine ») désigne en réalité le manioc. Imaginez ne serait-ce qu'une seconde : 135 % d'augmentation pour un tubercule qui vous permet d'attendre demain.

Dans une étude publiée en mai 2007 dans *Foreign Affairs*, deux professeurs de l'université du Minnesota [1] notent qu'il faut 225 kilos de maïs pour remplir le réservoir d'un 4×4 américain avec de l'éthanol. De quoi nourrir un pauvre du Sud pendant une année entière. « Les biocarburants, écrivent-ils, ont noué ensemble les prix de l'huile végétale et de l'alimentation d'une manière telle qu'elle pourrait profondément bouleverser les relations entre producteurs, consommateurs et nations dans les années qui viennent. Avec des implications potentiellement dévastatrices tant sur la pauvreté que sur la sécurité alimentaire. »

Nul n'est devin. Moi pas plus qu'un autre. Mais je sais assez quels sont les rapports de forces sociaux et politiques dans la plupart des pays du Sud pour prévoir un drame. Les corrompus majeurs qui tiennent le pouvoir à Pékin, à Delhi, à Kinshasa et probablement à Brasilia hésiteront-ils à sacrifier demain les cultures vivrières essentielles à leurs peuples ? Quand il faudra choisir entre des biocultures payées rubis sur l'ongle par le Nord et des légumes, des fruits, une vache décharnée ? Le manioc est une excellente source d'éthanol, et des pays comme la Chine, la Thaïlande ou le Nigeria – déjà détruit par le pétrole – envisagent ouvertement d'utiliser une partie des récoltes de cette prodigieuse racine pour les moteurs du Nord. Oui, je pense en savoir assez.

1. C. Ford Runge et Benjamin Senauer, « How biofuels could starve the poor », *Foreign Affairs*, mai-juin 2007.

Je connais, vous connaissez, nous connaissons tous cette vérité développée le 30 octobre 2006 par le directeur général de la FAO, Jacques Diouf : la faim gagne du terrain. Ce n'est pas une divagation, c'est le titre d'un communiqué officiel de cette grande agence de l'ONU. Dans ce monde crépusculaire, dix ans après un Sommet mondial de l'alimentation qui avait promis une fois de plus l'éradication de la faim, des hommes tombent pour ne plus jamais se relever, le ventre vide. Citation exacte de Diouf : « Loin de diminuer, le nombre de personnes affamées dans le monde est en train d'augmenter – au rythme de 4 millions par an. »

Les biocarburants tuent déjà

Je me permettrai d'ajouter quelques bricoles, qui n'en sont guère. Le journaliste britannique Geoffrey Lean a publié le 3 septembre 2006 un article [1] qui commence de la sorte : « On n'avait pas connu cela depuis trente ans : les stocks de céréales n'assurent plus que 57 jours de nourriture à la population mondiale. » Or le niveau de sécurité est de 70 jours. Or les stocks étaient de 116 jours en 1999. Or nous vivons une époque fabuleuse de progrès ininterrompu. N'est-ce pas ?

La production mondiale de céréales, telle qu'évaluée par la FAO, pourrait être en 2007 de 2,095 milliards de tonnes, en augmentation de 4,8 % par rapport à 2006, mais cela ne changera rien. Une autre citation de la FAO, en date du 16 mai 2007 : « Malgré cela, les stocks étant à leur niveau le plus bas depuis plus de deux décennies, les disponibilités totales seraient tout juste suffisantes pour répondre à la demande accrue, due à la rapide croissance de l'industrie des biocarburants. » Vous savez lire comme moi, j'imagine.

1. Geoffrey Lean, « The hungry planet », *The Independent*, 3 septembre 2006.

On puisera donc une fois encore dans les précieuses réserves. Jusqu'à quand? Pour la sixième fois en sept ans, les récoltes seront insuffisantes pour nourrir les peuples de la terre. Aucune propagande ne peut rien contre ces insupportables statistiques. Hamza Benhalima, du journal *Le Maghreb (Le quotidien de l'économie)*, a signé le 26 mai 2007 un article remarquable sur la question. Remarquable car bien écrit, sobre, factuel. Remarquable aussi parce qu'il dépeint les situations concrètes que ces chiffres froids créeront fatalement. Pas dans le Luberon. Pas dans le Limousin. Pas dans les Alpes-Maritimes. Au Zimbabwe, au Malawi, en Bolivie, au Maroc. Je m'autorise à citer les dernières lignes de Benhalima : « La production céréalière mondiale de 2007 a enregistré un taux de production record, cette production est à peine suffisante pour répondre à la demande accrue. Cette situation est largement imputable à la rapide croissance de l'industrie des biocarburants à travers le monde. » Vous savez lire comme moi, j'imagine – et je me répète, car qu'y a-t-il d'autre à faire que de radoter?

Radotons donc, cette fois en compagnie de la bible des libéraux, le journal britannique *The Financial Times*, le fameux *FT* aux pages couleur saumon. Dans son édition du 27 mai 2007, il publie un article du journaliste Chris Flood. Celui-ci estime que les « consommateurs courent le risque de faire face à une période prolongée de prix alimentaires plus élevés ». Quels termes élégants, non? Et pour quelle raison? Parce que, simplement, le prix de denrées de base comme le blé et le maïs ne cesse d'augmenter. Leur cours est même le plus haut depuis plus de dix ans. Mais pourquoi? Parce que, tout aussi simplement, la demande mondiale de biocarburants fait exploser les anciens équilibres. « Les biocarburants, conclut Flood, sont en train de devenir le facteur de croissance principal de la demande agricole. » À Chicago, le cours du blé a atteint, le 14 juin 2007, 607 cents le boisseau, son prix le plus élevé depuis onze ans. Une augmentation de 18 % en une semaine.

La Banque mondiale confirme la tendance, et au-delà. Dans son traditionnel rapport annuel sur le financement du développement dans le monde, publié le 29 mai 2007, l'institution affirme redouter des émeutes de la faim dans les rues d'Asmara (Érythrée), de Dakar, du Caire et même d'Erevan (Arménie). La faute en bonne part aux biocarburants : les États-Unis, premier exportateur mondial de maïs, consacreront en 2007 une proportion considérable de leur récolte à la fabrication d'éthanol. Par effet de contagion – et de substitution –, les autres céréales suivent le même mouvement haussier. La Banque envisage sans frémir une augmentation de 40 % du prix moyen des céréales. 40 % ! Au Kenya, par exemple, le maïs fournit à lui seul 36 % de l'apport calorique quotidien des ménages. Mais 58 % chez les plus pauvres. Le drame est déjà là, évidemment. Bien qu'aucun rapport ne le dise encore, il est certain qu'un grand nombre d'humains sont *déjà* morts de faim pour que soient remplis des réservoirs d'automobiles.

Deux appels au secours

Demain sera pire, et demain, c'est aujourd'hui. Je lis ceci le 8 juin 2007 sur le site Internet de la FAO – encore elle : « Un rapport de l'Organisation des Nations unies pour l'alimentation et l'agriculture (FAO) explique aujourd'hui que la facture mondiale des importations alimentaires s'alourdit en raison principalement de la forte demande sur les biocarburants. [...] Les pays en développement, dans leur ensemble, devraient être confrontés à une augmentation de 9 % de leurs dépenses globales d'importations alimentaires en 2007. "On estime que le panier d'importations alimentaires pour les pays les moins avancés (PMA) en 2007 coûtera en moyenne 90 % de plus qu'en 2000", indique Adam Prakash, économiste à la FAO. "Par rapport aux nations développées, qui ne subiront qu'une hausse de 22 % de leurs factures d'importations au cours de la même période, l'écart est saisissant", souligne-t-il. »

Comme le note le grand agronome Lester Brown, déjà évoqué au début de ce petit livre : « La concurrence pour les céréales entre les 800 millions d'automobilistes du monde qui veulent maintenir leur mobilité et les 2 milliards de personnes les plus pauvres qui essayent seulement de rester en vie est en train de devenir une affaire homérique [1]. »

Ne nous cachons pas derrière notre petit doigt : il s'agit d'une guerre de classes, mondiale. Sauf que, contrairement à ce qu'affirme certaine liturgie de gauche et d'extrême gauche, elle rassemble dans le même camp nombre de « pauvres » et de riches du Nord. Contre les vrais gueux du monde, ceux qui n'ont rien. Cela donne à réfléchir.

Qu'on ne dise pas, qu'on n'ose jamais prétendre que nous ne savions pas. Parmi la masse énorme d'informations disponibles, deux appels pressants. Le premier, traduit par mes soins, rassemble diverses associations latino-américaines, dont Red Alerta contra el Desierto Verde et Red Latinoamericana contra los Monocultivos de Arboles. Dans une lettre ouverte adressée au Parlement européen et à la Commission européenne en janvier 2007, celles-ci réclament en chœur que la terre serve à nourrir les hommes, pas les bagnoles : « Les plantations de canne à sucre et la production d'éthanol au Brésil sont l'affaire d'un oligopole qui utilise le travail d'esclaves. Les plantations de palme à huile s'étendent aux dépens des forêts et des territoires indigènes ou d'autres communautés traditionnelles de Colombie, d'Équateur et d'autres pays, toujours plus tournés vers la production de biodiesel. » Et elles précisent au sujet du soja, cette plante décidément maudite : « Les Indiens Enawene Nawe, dans le Mato Grosso, ont déclaré que le soja était en train de les tuer. En ce moment précis, il ne reste plus que 429 Enawene Nawe survivants.

1. Daniel Howden, « The big green fuel lie », *The Independent*, 5 mars 2007.

Leur territoire a été réduit de moitié et se trouve entouré de plantations de soja. Leur santé se détériore et les enfants souffrent de malnutrition. Pour mieux servir le commerce du soja, les gouvernements du Sud construisent des barrages, des canaux, des ports, des routes, dont les conséquences sur l'environnement sont graves. Dans le même temps, l'expansion du soja affecte la santé des populations alentour, où les niveaux de cancer et d'autres maladies liées à l'usage d'agrotoxiques dans ces plantations augmentent de jour en jour. »

Qui s'interposera jamais ? Les Enawene Nawe sont un peuple passionnant et moribond. Ils mériteraient que nous nous insurgions, si la morale guidait nos pas. Restés à l'écart de notre si splendide univers jusqu'en 1974, ils vivaient de la forêt, pêchant en rivière, mangeant du miel sauvage, mais sans jamais consommer de viande rouge. Les sots ! C'est parce que nous en bouffons du soir au matin que l'Europe est devenue le plus grand importateur mondial de soja : 23,2 millions de tonnes pour la saison 2004-2005. En provenance des États-Unis, mais aussi de l'Argentine et du Brésil. Pour nourrir nos bestiaux, bien entendu. Le reste, de plus en plus, sert à la fabrication de biocarburants. Le gouverneur de l'État du Mato Grosso, d'où auront bientôt disparu les Enawene Nawe, n'est autre que Blairo Maggi, l'un des plus importants producteurs de soja du monde. Et l'un des plus grands des biocarburants, cela va de soi. Ainsi qu'un ferme soutien du « socialiste » Lula au pouvoir. Cela va de soi aussi.

Le deuxième appel est une adresse à l'Union européenne qui appuie le premier. Et, même si notre provincialisme doit en souffrir, sachez que des centaines d'associations du monde entier – les nôtres en sont quasiment absentes – ont signé cette lettre ouverte. Elles sont européennes, américaines, mais bien davantage encore colombiennes, indiennes, brésiliennes, philippines, argentines. Peut-être, osons cette folle hypothèse, savent-elles mieux que nos grands défenseurs des biocarburants ce qui se passe dans les pays du Sud dévastés.

Citons quelques mots de leur texte : « La réalité a démontré que les monocultures pour les biocarburants comme le palmier à huile, le soja, la canne à sucre ou le maïs conduisent à une destruction majeure de la biodiversité et poussent au départ des populations rurales, diminuant encore plus la sécurité alimentaire et provoquant de graves impacts sur les eaux, les sols et les climats régionaux. »

LE SILENCE MACABRE DES INTELLECTUELS

Question : que foutent, oui, que peuvent bien foutre ceux qui reçoivent de tels messages ? Ne pourrait-on au moins en faire un thème prioritaire pour ce « Grenelle de l'environnement » cher au cœur d'un certain Nicolas Sarkozy ? Verra-t-on ce dernier prendre position ? Affronter l'Ademe, cette agence qu'il commande et qui est au service direct et constant des biocarburants ? Affronter la FNSEA, socle des droites françaises depuis 1945 ? Je plaisante, restons sérieux.

Et nos grands intellectuels, par ailleurs ? Et nos si nombreux petits marquis ? Vous voudriez des noms ? Mais ce livre n'est pas extensible à l'infini, savez-vous ? Tous, je dis bien tous, demeurent absolument indifférents à ce qui écrase le présent et menace l'avenir. Abrégeons ces futiles considérations. Car je n'ai fait que tracer jusqu'ici des lignes, poursuivre des courbes relativement prévisibles. Or il faut depuis peu ajouter à nos réflexions une variable qui change la totalité de la perspective. Je veux parler du climat, qui n'est plus ce grand colosse stable avec lequel on pouvait espérer composer. Le climat est devenu un adversaire résolu des projets humains. Nul ne peut plus compter sur lui.

Pour les agricultures du monde et l'estomac des hommes, ce n'est pas ce qu'on peut appeler une bonne nouvelle. Une étude du Consultative Group on International Agricultural Research (CGIAR) parue en mai 2007 laisse entrevoir ce qui nous attend probablement[1]. Précisons que le CGIAR, basé à Rome, rassemble des chercheurs du monde entier, sponsorisés par la Banque mondiale et la FAO. On ne les traitera donc pas d'écologistes, d'autant qu'ils soutiennent fort logiquement l'asservissement de l'agriculture aux intérêts industriels du Nord. On ne dira pas davantage qu'ils ont raison, ou tort. La seule chose à peu près certaine, c'est que les gens du CGIAR sont nombreux et qu'ils disposent de gros ordinateurs faisant tourner de puissants modèles mathématiques. Leur rapport a l'immense intérêt de faire réfléchir. Comme il se doit, et sauf grave erreur de ma part, aucun journal français n'a seulement imaginé nous faire part de ses conclusions. Dommage.

Dommage, car c'est assez saisissant. Le dérèglement climatique pourrait par exemple faire disparaître à jamais, dans les quelques décennies à venir, 31 des 51 espèces sauvages d'arachide (61 %) et 13 des 108 espèces sauvages de patates (12 %). Soit. Cela parle peu, je le reconnais. Mais le CGIAR ajoute que les espèces sauvages qui réchapperaient de ce carnage ne se trouveraient plus que sur des zones très réduites, où leurs capacités génétiques à survivre seraient considérablement amoindries. Dit ainsi, cela semble déjà plus fou. Deux des bases de l'alimentation mondiale sont donc menacées d'extinction à plus ou moins long terme.

LE RETOUR DES GRANDES FAMINES

Il ne s'agit pas, trois fois hélas, de désinformation, et voici pour quelles raisons simples. Dans leur quête plurimillénaire de sélection des meilleures variétés, les hommes ont par définition fait des choix. De couleur, par exemple, de forme, éven-

1. Un excellent résumé, en italien, est disponible sur http://news.bioversityinternational.org/index.php?itemid=1784. On peut voir aussi directement sur le site du CGIAR, en anglais : www.cgiar.org/impact/global/climate.html.

tuellement, de goût, également. Entre autres. La plupart des consommateurs du Nord ne savent pas que les plantes sauvages conservent un rôle clé dans la production alimentaire. D'abord, et ce n'est pas inutile de le rappeler, parce que toutes les plantes cultivées proviennent de ces proches cousines indomptées.

Au cours de leur lente domestication, la variabilité génétique spontanée des plantes sauvages a été sévèrement réduite, ce qui les a rendues fragiles. Dans les moments de crise, lors des inévitables attaques de pestes agricoles et de maladies, pendant les années de sécheresse à répétition, ou de grand froid, ou de trop fortes pluies, les paysans ont toujours pu se tourner vers ce gigantesque réservoir génétique pour obtenir, après croisement, des variétés plus résistantes à telle ou telle menace. Dans les années passées, indique l'étude, des gènes d'espèces sauvages ont permis par exemple de développer de nouvelles variétés de pommes de terre résistant au mildiou et de blés plus vaillants contre la sécheresse. Cela reste facile à comprendre, même si cela n'intéresse personne.

J'ajouterai ces quelques mots d'Annie Lane, l'une des principales rédactrices de l'étude du CGIAR : « L'ironie est que les chercheurs compteront plus que jamais sur les plantes sauvages pour développer des cultures domestiques en mesure de s'adapter aux changements climatiques continuels. Et dans le même temps, à cause justement de ces changements, nous risquons de perdre une quantité significative de vitales ressources génétiques, au moment où nous en aurions le besoin le plus extrême pour garantir la production agricole. » Vous savez quoi ? Je me demande pourquoi l'Ademe, le nouveau ministère géant de M. Borloo, M. Sabin, M. Adnot, M. Soufflet et leurs innombrables amis ne se cotisent pas pour financer la traduction en français de tous ces menus documents. Il doit y avoir une raison.

Est-ce tout, cette fois ? Point. La suite se referme comme un cercle résolument vicieux sur l'horreur qui s'annonce. Louis Verchot, chercheur dans l'un des centres qui font partie du CGIAR, le World Agroforestry Centre de Nairobi (Kenya), résume ainsi notre avenir commun : « Nous parlons du retour de famines à grande échelle dans les pays en développement. » Pardi ! La production de blé pourrait diminuer de 50 % dans le Sud-Est asiatique, menaçant le pain quotidien de 200 millions de personnes qui ne mangent pas toutes, il s'en faut, du riz. Et d'ailleurs, qu'arrivera-t-il au riz ?

Le CGIAR se hasarde également sur un terrain que nous avons exploré, celui du maïs. Vous vous souvenez des révoltes de la tortilla au Mexique ? Eh bien, voici une suite très vraisemblable. En 2025, la récolte de maïs mondiale pourrait être amputée de 4,6 millions de tonnes, et de 11,6 millions en 2055, ce qui représenterait alors 10 % du total de la production de l'an 2000. Dix pour cent de maïs en moins, soit trois fois rien. Les mêmes experts, et il y a consensus sur le sujet, pensent qu'il faudra doubler la production alimentaire mondiale dans les vingt-cinq années qui viennent pour satisfaire les besoins croissants d'une population en expansion.

Mais on décide en conscience de cultiver partout, sur des dizaines de millions d'hectares de terres fertiles, des céréales au patrimoine génétique désespérément amoindri. Pour faire rouler des bagnoles. Comme c'est grand et noble, comme cela sent les Lumières ! L'Occident, contrairement à ce qu'on lit parfois, s'appuie toujours sur un message universel. Nous le connaissons tous, il tient en une phrase : « Tout est à moi ! » Notez qu'il peut aussi se réduire à un mot : « Merde ! » Et si les haillonneux ne trouvent dans leur auge ni blé, ni maïs, ni arachide, pourquoi ne pas essayer la brioche ?

Pas question de refermer ce chapitre sur un tel flot d'exécrables nouvelles. Cherchant dans ma besace, j'ai fini par en trouver une bonne, que je m'empresse de vous transmettre. Il se pourrait bien que demain, quand il fera trop chaud ailleurs, on parvienne à faire pousser du blé en Alaska. Là où vivent pour l'heure des caribous, des grizzlis et des bœufs musqués, ces autres bestiaux inutiles.

Chapitre 8

La grande manipulation du climat

> Ah, les braves gens ! Finalement, ils ont trouvé l'argument suprême. Si l'on fabrique autant de biocarburants, ce n'est pas pour le profit de l'agriculture industrielle. Ni pour servir les intérêts géostratégiques des États. C'est pour le Bien, comme en Irak. C'est pour sauver le climat. On y croit.

Reprenons calmement. À propos du climat. Vous savez déjà l'essentiel. Les promoteurs des biocarburants font de la lutte contre le réchauffement climatique un argument massue. Susceptible de pétrifier la critique. Capable, du moins le pensent-ils, d'acheter à bon compte les consciences. D'étourdir, d'entraîner, d'assourdir.

Raté, du moins ici. Écrivant ce livre, je me suis posé une question simple, que voici : depuis quand associe-t-on en permanence lutte contre l'effet de serre et biocarburants ? J'y ai déjà répondu en partie dans le chapitre consacré à la constitution du lobby en France. Mais il faut aller plus loin, assurément.

Depuis quand ? J'ai cherché des traces sur le marché américain de l'information, plus fourni que le nôtre, et j'avoue avoir été surpris du résultat. Je vous laisse juges. Le 19 septembre 2001, le bureau des Transports et de la Qualité de l'air de la grande agence fédérale de protection de l'environnement, l'EPA, publie un formidable document. Son titre ? *Bibliography of Biodiesel Studies*. C'est la liste des études publiées sur le sujet.

À cette date, la question du réchauffement climatique est publiquement posée depuis quinze ans. Le GIEC, ce réseau de scientifiques du monde entier rassemblé par l'ONU pour étudier le phénomène, a été créé en 1988. On sait l'essentiel, c'est-à-dire que la crise du climat menace la civilisation humaine. Or aucune, je dis bien aucune étude répertoriée par l'EPA ne traite des liens entre réchauffement et biocarburants. Les mots *warming* ou *climate* restent à la porte. En langage policier, on pourrait aisément parler d'indice grave et concordant. Fin 2001, alors qu'il y a déjà le feu au lac, nul ne se soucie de « vendre » le climat pour mieux imposer les biocarburants. Le formidable boom de l'éthanol commence sans que le sujet ait seulement été étudié.

Pas mal, pour un début. J'ai également trouvé la trace du premier rapport officiel de l'EPA sur la question, en date d'octobre 2002 *(A Comprehensive Analysis of Biodiesel Impacts on Exhaust Emissions)*. Ce qui est assez amusant – quoique… –, c'est que les émissions de CO_2 liées à l'usage des biocarburants n'occupent qu'une place dérisoire dans ce texte de 126 pages. Disons 3 environ. Et on y lit notamment ceci : « Le gaz carbonique est considéré par beaucoup comme une composante essentielle du réchauffement global, bien que d'autres polluants puissent aussi jouer un rôle. L'impact global que les biocarburants pourraient avoir sur le réchauffement ne saurait être fonction seulement du produit de la combustion, mais aussi des émissions associées à l'ensemble de leur cycle de production et de combustion. Une étude complète de l'impact des émissions des biocarburants dépasse le cadre de cette analyse, et nous nous en remettons à des travaux à venir sur ces questions. »

UNE CERTITUDE : L'IGNORANCE

Tout est dit. Fin 2002, l'État fédéral américain ne sait rien du sujet de ce chapitre. Rien. Cela ne l'empêche pas de lancer un programme massif de subventions aux producteurs de biocarburants. Mais le mieux est ailleurs. Pour l'heure, je vous demande de retenir que l'EPA se refuse à juger l'impact des biocarburants sur le climat en dehors d'un bilan complet portant sur la totalité de leur cycle de vie. On y reviendra.

Pendant ce temps, en France, nos amis de l'Ademe et d'Agrice s'agitent aussi, travaillés par les soins de Jean-Claude Sabin. Agrice, le réseau des réseaux au service des biocarburants, existe depuis 1994. Or, en 2002, exactement comme aux États-Unis au même moment, nul ne sait quel est le bilan énergétique des biocarburants. Et pas plus, car c'est lié, leur bilan écologique. Pour Agrice, qui mêle, dans une confusion totale, intérêts privés et publics, transnationales et État français, ce n'est pas un souci. Du tout. Car depuis 1994, justement, il n'a été question que d'une seule chose : aider l'agriculture industrielle et les entreprises qui la servent à trouver de nouveaux débouchés. À coup de colloques, d'études de marché, de travaux pratiques en laboratoire.

Pour vendre, il suffit de vendre. Mais oui. J'ai mis la main sur un fameux document publié par l'Ademe, agence publique, et Agrice en février 2002. Intitulé *Les Mystères de l'or vert*, il est tout à la gloire de l'industrie chimique, ce qui est normal si l'on songe à la composition d'Agrice (voir *supra*, p. 75).

Voici un extrait croquignolet, que je vous laisse savourer : « Une nouvelle carrière s'ouvre pour le végétal. Il permet de fabriquer pratiquement tous les produits issus du pétrole. C'est qu'ils ont la même origine. Le végétal a des atouts majeurs. Il est renouvelable et il est neutre vis-à-vis de l'effet de serre. En outre, les produits "verts" sont globalement moins toxiques et moins polluants que les dérivés du pétrole. Enfin, la richesse moléculaire du monde végétal est plus vaste que celle des ressources fossiles. »

Telle est la base de l'opération de propagande qui se déchaînera ensuite. En février 2002, il n'existe pas d'étude sur le bilan écologique des biocarburants. Mais le cœur du lobby français annonce d'emblée, a priori, qu'ils sont « neutres » quant à l'effet de serre, ce qui n'a aucun sens. Et qu'ils sont moins polluants que le pétrole, ce que personne n'a démontré.

La messe est dite, et elle ne pourra jamais être que répétée. À partir d'une prise de position strictement commerciale, la France va bâtir un discours public qu'il faudra faire correspondre à des études qui n'existent pas encore. Très fort.

Démonstration immédiate. En septembre 2002, la France se dote enfin d'un rapport sur le bilan énergétique des biocarburants. Sous la double signature publique de l'Ademe et de la Direction des ressources énergétiques et minérales (Direm), rattachée au ministère de l'Industrie. Mais ce travail a été sous-traité à une entreprise privée on ne peut plus particulière. Un géant mondial présent dans 148 pays, employant 130 000 personnes, spécialiste du service clés en main aux transnationales : j'ai nommé PricewaterhouseCoopers (PwC).

Parlant sous couvert du journal *L'Expansion* (1er mai 2007), je résumerai ainsi les activités de ce groupe prestigieux : « audit et certification des comptes, accompagnement de la croissance, optimisation de la performance, gestion de crise ». Ajoutons quelques menus détails à ce tableau général.

Le suicide de Philip Musica

L'existence de liens constants entre « contrôleurs » et « contrôlés » ne représente-t-elle pas un risque ? Si. En 1938, aux États-Unis, PwC, qui s'appelait alors simplement Price Waterhouse, faillit sombrer dans le grand scandale McKesson et Robbins. Il apparut que le patron de cette entreprise pharmaceutique, F. Donald Coster, s'appelait en fait Philip Musica. Pour aller vite, Musica était un truand depuis des décennies, sous un autre nom. Et il siphonna avec ses deux frères une bonne partie – au bas mot des dizaines de millions de dollars de l'époque – des comptes de McKesson et Robbins.

Une fois découvert, Musica eut l'excellente idée de se tuer. Mais, pour le cabinet Price Waterhouse, c'était trop tard car il avait jusqu'au dernier moment certifié les comptes de McKesson et Robbins. L'affaire conduisit à la création de normes professionnelles chez ce qu'on appelle les auditeurs d'entreprises. Toutefois, comme on le sait depuis le scandale Enron qui, en 2002, fit imploser l'un des concurrents de PwC, Andersen, cela ne fut pas suffisant. Travailler au service des entreprises les plus grandes de la planète peut constituer un danger pour la morale commune, soit dit sans vexer personne.

2002, année fatidique, est aussi celle où l'Ademe, champion français public des biocarburants, décide enfin de connaître le bilan écologique de ses protégés, après huit ans de promotion intensive. Pour des raisons qu'on devine impérieuses, l'Ademe et la Direm confient une étude à Écobilan, filiale de PwC.

Avant de vous présenter un nouveau personnage du nom de Thierry Raes, responsable d'Écobilan, laissez-moi vous dire comment on travaille dans l'un des sièges les plus modernes de PwC, à Zurich. Une nouvelle technologie, Legic, permet de surveiller en permanence le personnel par des moyens de reconnaissance biométrique. L'idée de base de l'impressionnant dispositif de sécurité du bâtiment se résume en un mot, anglais : *contactless*. Pas de contact, plus de contact direct. Même à la cantine, même aux distributeurs de boissons. Un simple badge biométrique sert à tout. C'est bien pratique la nuit, quand les « collaborateurs » viennent travailler au service de la planète, ce qui n'est pas rare.

Revenons, ou plutôt venons à Thierry Raes. Il est « associé », ce qui signifie, dans le jargon maison, qu'il a franchi toutes les étapes : junior, senior, superviseur, manager, senior manager, directeur. Puis associé. Raes est un ponte, responsable d'une filiale appelée Écobilan.

Je n'insisterai pas beaucoup, car il faudrait y consacrer un chapitre. Raes croit profondément dans les valeurs de l'entreprise, surtout lorsqu'elle est transnationale. C'est d'ailleurs son droit. En juillet 2006, il participe à un colloque à Aix – en bonne compagnie, puisque la directrice générale de l'Ademe, Mme Pappalardo, est à ses côtés. Le thème de son exposé est digne d'intérêt : « La mondialisation, obstacle au développement durable ? » Sa réponse : « Sur le plan général, la mondialisation va permettre une élévation du niveau de revenus de pays émergents et favoriser leur développement. »

Une si belle étude française

Évidemment, un point de vue aussi radicalement idéologique peut être discuté. Voici la suite, dans *Le Figaro* du 9 novembre 2006. Raes se plaint des règles tatillonnes qui régissent sa profession au lendemain du gigantesque scandale Enron. Cela donne : « Les réglementations ont tout prévu et imposent point par point ce qu'il faut faire et dans quelle situation. Nous demandons le droit d'exercer notre jugement sur l'opportunité d'appliquer une norme comptable plutôt qu'une autre, même si les règles sont censées nous l'imposer. »

De nouveau, l'on peut discuter. Quatre ans après le retentissant scandale Enron, c'est osé. Le 20 mars 2007, enfin, dans le fort sérieux journal *Le Moniteur*, si apprécié dans le BTP, Raes juge de la sorte la situation économique de Paris : « Le coût du mètre carré des bureaux, mais aussi la rigidité du marché du travail et la faible diversité des cultures pénalisent notre capitale face à la concurrence mondiale. »

Stop. Je voulais juste situer Raes, un fervent libéral qui entretient de multiples liens avec la fine fleur du capitalisme français. Depuis au moins vingt ans. Cela ne regarderait que lui, mais voilà, et nous y voilà : en 2002, deux éminents services de l'État, l'Ademe et la Direm, confient à Écobilan une étude fondamentale sur les biocarburants. Est-ce raisonnable, est-ce admissible ?

En tout cas, le résultat est là. Qu'en dire ? Je n'en ferai pas la critique technique, car j'en suis incapable. Mais je dois vous signaler un travail impressionnant réalisé par Patrick Sadones. Cet homme est ingénieur agronome et il a créé l'association Eden, pour Énergie durable en Normandie. Ne trichons pas : c'est un écologiste. Mais vaudrait-il moins qu'un Raes vantant l'état actuel du monde ?

Je ne le pense pas. Son contre-rapport est passionnant de la première à la dernière ligne, bien que complexe [1]. L'essentiel tient en peu de mots : le travail réalisé par Écobilan en 2002 souffre de tels biais méthodologiques qu'il est faux. Je n'entre pas dans les détails ici, mais lisez tout de même cette phrase, qui (dis)qualifie l'ensemble : « Il est invraisemblable qu'aucun membre du comité de pilotage, ni aucun spécialiste du bureau d'étude, dont c'est pourtant le métier de faire des ACV [analyses de cycle de vie], n'ait relevé cette ineptie qu'un bon élève de terminale scientifique n'aurait sans doute pas laissée passer. »

Le problème, selon Sadones, c'est que toute l'étude est de la même veine. Et que les erreurs grossières favorisent grossièrement le bilan énergétique des biocarburants. En l'état du dossier, conclut-il, « la substitution des carburants d'origine pétrolière par des agrocarburants ne diminue pas ou peu les émissions de GES [gaz à effet de serre] ». Ce qui met à terre tout le propos d'Écobilan et ruine dans le même mouvement la politique française en faveur des biocarburants.

---

1. Patrick Sadones, *Rapport EDEN 2006. Les biocarburants : quel intérêt ? Quelles perspectives ?*, consultable à l'adresse suivante : http://www.legrandsoir.info/IMG/pdf/Biocarburants_rapportEDEN_07.06.pdf.

Ce n'est pas tout. Vous aurez noté que Sadones parle d'un comité de pilotage. Oui, à la demande explicite de l'Ademe, Écobilan s'est prudemment entouré d'un comité de pilotage. Pour une étude « scientifique » ? Oui. Or Sadones dénonce un fait plutôt surprenant : plus des deux tiers des membres du comité de pilotage de l'étude de l'Ademe auraient eu partie liée avec l'industrie des biocarburants.

A-t-il raison ? Oui. Écobilan, dans sa synthèse de septembre 2002, note pour commencer ceci, que je suis contraint de garder *in extenso* : « Conformément au souhait de l'Ademe et de la Direm, un large comité de pilotage constitué de différents intervenants de chacune des filières a été réuni autour de ce projet. Les principaux objectifs du comité de pilotage étaient : d'identifier les travaux antérieurs susceptibles d'être utilisés, de valider les choix méthodologiques, d'identifier les interlocuteurs pouvant contribuer à la collecte des données, d'identifier les paramètres et scénarios technologiques devant faire l'objet de simulations, en particulier dans la perspective de développement de chacune des filières de production des biocarburants, de valider les hypothèses de calcul. »

En clair et en résumé, un comité de pilotage a tout contrôlé, pour ne pas dire surveillé. Jusqu'à la validation des « hypothèses de calcul » ! Écobilan, qui ne donne pas l'air d'avoir la conscience sereine, ajoute même : « Nous rappelons également que cette étude est basée sur des données fournies par les membres du comité de pilotage. Les calculs effectués pour chacune des filières de carburant ont également été revus et validés par les membres du comité de pilotage compétents sur ces filières. »

Bref : le comité de pilotage a tellement piloté qu'il a largement conduit. Qui fait partie de ce fameux comité ? Si le sujet n'était à ce point terrible, je vous assure que j'en rirais à gorge déployée. Mais il y a de quoi être dégoûté. Voici la liste des entreprises et groupes de pression présents dans ce très singulier aréopage : Bio Éthanol Nord Picardie, Cristal Union,

Fédération des coopératives de betteraves, Saipol, TotalFinaElf, PSA, l'Institut des corps gras (Iterg), l'Institut technique de la betterave (ITB), l'Institut technique des céréales et fourrages (ITCF), le Centre technique interprofessionnel des oléagineux métropolitains (Cetiom), l'Institut français du pétrole (IFP).

La fine fleur du lobby y a donc siégé. Les données sur les filières proviennent d'organismes aussi impartiaux que l'ITB, le Cetiom et l'ITCF. Et celles sur la transformation, d'usines soigneusement choisies, dont celles de Cristal Union (Arcis-sur-Aube) et de Saipol (Grand-Couronne). Comme on se retrouve ! Philippe Adnot, noble sénateur, a été administrateur de la distillerie d'Arcis-sur-Aube. Et Jean-Claude Sabin, qu'on ne présente plus, a fondé la Sofiprotéol, qui a créé la Saipol.

Et ça peut rapporter (très) gros

Reste encore à évoquer la lourde question de la défiscalisation. Quand un automobiliste français achète de l'essence mélangée à de l'éthanol, l'État met la main au portefeuille. Sur un litre vendu, 59 centimes d'euro repartent vers l'État sous la forme d'une taxe intérieure de consommation (TIC). Oui, mais l'État, généreux, reverse aussitôt 33 centimes à l'industrie de l'éthanol pour compenser des coûts de production plus élevés que pour l'essence. C'est un coup de pouce, un prodigieux cadeau fiscal fait au lobby des biocarburants. En 2010, si le plan Villepin est respecté, ce dont je ne doute pas, la défiscalisation en faveur des biocarburants pourrait atteindre 1,273 milliard d'euros. Commentaire inspiré de Thierry Raes au cours d'un colloque à l'Assemblée nationale le 21 février 2006 : « Nous avons pu démontrer que presque toutes les exonérations de TIPP [ancêtre de la TIC] étaient justifiées : quand l'État injectait 100 euros dans la filière, celle-ci en renvoyait 80 à 90, notamment sous la forme d'emplois. »

Heureux homme, sèchement contredit, hélas pour lui, par de sérieux clients. À savoir, le Conseil général des mines, l'Inspection générale des finances et le Conseil général du génie rural, des eaux et des forêts. Dans une analyse dont la conclusion a été rendue publique par le Sénat en novembre 2005, nos grands commis de l'État mettent les pieds dans le plat. Les effets sur l'emploi du plan public en faveur des biocarburants « paraissent largement surestimés. On peut penser qu'il s'agira davantage d'emplois ruraux maintenus que d'emplois créés et certainement pas de créations nettes d'emplois, compte tenu des incidences macro-économiques du prélèvement effectué sur la consommation des ménages pour financer ce plan. En tout état de cause, l'effort fiscal par emploi "créé" ou maintenu est considérable : 60 000 € par emploi au titre de la défiscalisation, auxquels il faudrait ajouter une somme encore supérieure, de l'ordre de 93 000 € ».

On croit rêver, non ? Cent cinquante mille euros pour soi-disant créer un emploi dans la filière biocarburants ? Mon avis personnel est que le lobby, ivre de puissance parce qu'il n'a pas encore trouvé de vrais opposants, est allé trop loin. Bien trop loin. Tout le monde, dans les services de l'État, ne peut être d'accord avec ce pillage généralisé des ressources publiques. La preuve, du reste : selon des confidences que j'ai pu recueillir auprès de sources sérieuses, l'Ademe aurait au passage été secouée tel un prunier par Bercy, le ministère des Finances.

Est-ce un signe ? Au moment précis où je travaille sur ce chapitre, en juin 2007, j'apprends une nouvelle importante. L'Ademe vient de lancer un appel d'offres pour une nouvelle étude sur le bilan écologique des biocarburants. Elle pourrait être achevée avant la fin de 2007 et signifie une chose évidente : celle de 2002 est totalement démonétisée. Elle a servi, ô combien, et permis d'entraîner les naïfs et les dupes dans un soutien sans contrôle aux biocarburants. Mais il va falloir trouver autre chose. Je vais suivre, comptez sur moi.

Vous devez être épuisés. Moi, je le suis. Ne croyez surtout pas qu'une telle incursion dans ce monde-là soit une partie de plaisir. Mais il me reste, pour terminer ce chapitre consacré au climat, à aborder le vrai bilan des biocarburants.

Laissez, laissons tomber pour cela la France, notre si petit pays malade. Les biocarburants sont un phénomène mondial, aux conséquences planétaires, et seuls leurs partisans ont intérêt à compartimenter, à regarder par le petit bout de la lorgnette, à considérer le coin de la rue ou du champ. Oui, oublions nos champs de blé et de colza, nos betteraves sucrières, nos petits plans sur la comète.

Agrandissons le point de vue, voyons large, et loin. Par bonheur, il existe aussi des scientifiques honnêtes, courageux, disposés à travailler pour le bien commun. Ils ne sont d'ailleurs pas si rares, mais plutôt empêchés, entravés, perdus dans les dédales de la méta-machine. Comme nous tous, en réalité. N'empêche : sur le sujet des biocarburants, les études sérieuses et critiques s'amoncellent. Et c'est une bonne nouvelle, au milieu de tant de mauvaises.

Aux États-Unis, le débat est très vif, et passionnant en général. Bien davantage que chez nous. Je dois vous prévenir dès maintenant que, à la différence de ce qui se passe en France, il oppose de part et d'autre, quelquefois du moins, des gens sérieux. Je ne suis pas neutre, cela se saurait. Mais en dehors de mes inclinations, et avant d'entrer dans le détail, je retrouve au milieu de cette discussion un arrière-plan que j'ai déjà rencontré des dizaines de fois ici : le dédain, un dédain massif – et sot, bien sûr – pour l'écologie. Je veux parler ici de l'écologie scientifique, qui a fait ses preuves, qui est portée par des hommes d'une qualité intellectuelle souvent indiscutable. Permettez-moi de donner un exemple que je connais bien. Un jour de 1970, le grand spécialiste de l'eau Jean-Claude Lefeuvre annonce en public ce qui attend la Bretagne. Après avoir découvert, avec ses étudiants de Rennes, une petite concentration de nitrates dans les eaux de la Vilaine, il a compris l'avertissement : l'agriculture industrielle va disséminer massivement engrais et pesticides dans les eaux. On lui rit au nez. Les grands commis de l'État, les grands ingénieurs. Tous ceux qui tiennent le manche. Ceux-là mêmes, ou leurs frères, ou leurs fils, qui assurent sans gêne la promotion des biocarburants.

Pimentel et Morris sont dans un bateau

Je ne prétends nullement qu'il s'agit d'une simple répétition. Mais il est certain que la même morgue, la même suffisance sont à l'œuvre. Il faut, comme en 1970, avancer, foncer même, sans jamais se retourner. Passons au cas américain. Impossible, vous l'imaginez, de tout détailler. En résumé, beaucoup d'agronomes et de chercheurs soutiennent le plan américain de Bush en faveur des biocarburants. Je me réfère par commodité à un document qui me paraît rassembler le cœur de leur argumentation. Il s'agit d'un rapport de l'USDA, le ministère de l'Agriculture américain, publié en juillet 2002 [1].

Que dit-il ? Que le bilan de l'éthanol – tiré du maïs – est bon sur le plan énergétique car, en utilisant une unité d'énergie pour sa production, on en retire 1,34. Par ailleurs, la productivité d'éthanol à l'hectare cultivé aurait crû de 39 % entre 1970 et 1995-1997. Et cela serait loin d'être achevé. Enfin, il convient de poursuivre une politique active de subventions aux producteurs.

Même son de cloche chez les environnementalistes de l'association Natural Resources Defense Council (NRDC) – 1,2 million de membres. Une évidence : cette noble institution se place du strict point de vue des intérêts américains. L'objectif du NRDC est sans détour de continuer à rouler en voiture : *«Americans love cars. We love the freedom of movement*

1. www.usda.gov/oce/reports/energy/aer-814.pdf.

they provide, love cruising down the open highway[1]. » Et il faut pour cela soutenir massivement les biocarburants. D'autant qu'ils pourraient faire baisser les émissions de gaz américaines – américaines – de 1,7 milliard de tonnes en 2050.

Enfin, signalons le fougueux David Morris, ancien conseiller de quatre présidents, dont George Bush. Il se présente très volontiers comme un vrai défenseur de la planète, mais aussi des biocarburants. Et pour lui, pas de doute : l'avenir appartient à l'éthanol. Surtout l'éthanol, qui a la fort intéressante particularité de pouvoir être produit aux États-Unis. Le débat, comme on le voit, est américano-américain, tout comme il est franco-français chez nous.

Encore un point concernant Morris, très abondamment cité dans la presse sur le sujet qui nous intéresse. Disons qu'il n'insiste guère, c'est un euphémisme, sur le rôle positif que pourraient jouer les biocarburants dans la crise climatique. Sa préférence, très américaine là encore, va à l'indépendance énergétique. Et, c'est là sa marque de fabrique, à la création de communautés décentralisées qui pourraient s'appuyer sur la production locale d'éthanol. L'homme ferraille volontiers avec ceux qui ne sont pas d'accord avec lui. Ce serait, que Morris me pardonne, une sorte de Claude Allègre.

Du côté des critiques, justement, deux figures émergent, l'une et l'autre très respectées. D'abord le professeur de l'université Cornell David Pimentel. Ensuite Tad Patzek, de l'université californienne de Berkeley. Tous deux ont publié de nombreuses études très documentées sur la question des biocarburants, le plus souvent chacun de son côté. Pimentel a été consulté sur la question dès 1979, dans une autre vie d'un autre monde. On lira avec grand profit, mais c'est en anglais, un article qu'ils ont signé tous les deux dans *BioScience Magazine* en novembre 2006[2].

1. www.nrdc.org/air/transportation/biofuels.asp.
2. www.aibs.org/bioscience-editorials/editorial_2006_11.html.

Cela décoiffe, car, selon eux, pour produire un litre d'éthanol, il faut 29 % d'énergie en plus que ce qui est obtenu. Il faudrait 1,29 unité d'énergie – fossile, pour comble – pour obtenir 1 unité d'éthanol. Fossile, donc contribuant à l'aggravation de l'effet de serre. Ce chiffre est fou, mais aussi infiniment sérieux. Car il intègre tout, à la différence d'autres calculs officiels. Il faut en effet compter 14 intrants d'énergie différents pour produire le maïs, matière première du bioéthanol. Et 9 pour la fermentation et la distillation du végétal.

À l'avance, les auteurs douchent les espoirs de ceux, nombreux, qui misent sur l'utilisation, à terme, de la cellulose contenue notamment dans le bois. Ce sera pire, avertissent Pimentel et Patzek : il faudra alors dépenser 1,5 unité d'énergie pour en obtenir 1.

J'ai une forte tendance à les croire, pour au moins deux raisons. La première, c'est qu'ils ne sont pas liés, ni de près ni de loin, à l'industrie, comme tant de prétendus experts qui défendent les biocarburants. Cela ne les rend pas plus intelligents. Mais plus libres, oui, sans aucun doute. La seconde, c'est qu'ils pratiquent une science adaptée au vaste défi écologique. Intégrative, complexe, prenant en compte les inévitables boucles de rétroaction négative – ou positive – qui rendent si difficile l'étude vraie des écosystèmes.

Oui, j'ai fait mon choix, comparant des démarches qui s'excluent l'une l'autre. D'un côté, ceux qui regardent les avantages directs et incontestables que les biocarburants peuvent apporter aux États-Unis ou à la France. De l'autre, des scientifiques qui pensent l'espace dans son immensité relative, la planète, avec l'avenir commun en ligne de mire.

Je vous résume ci-dessous, en quelques phrases, ce qu'on peut dire de l'impact prévisible des biocarburants sur le climat. Ce n'est qu'une sélection, et elle n'engage que ma parole. Libre à vous de contester, libre à vous d'aller plus loin.

BRÛLONS, BRÛLONS, BRÛLONS

• PREMIER ÉLÉMENT : le N_2O. Le protoxyde d'azote est un surpuissant gaz à effet de serre. Son pouvoir de réchauffement global (PRG) est 300 fois celui du gaz carbonique. Quand l'homme envoie dans l'atmosphère une tonne de N_2O, cela représente l'équivalent de 300 tonnes de gaz carbonique. Or ce gaz est essentiellement produit par l'agriculture, au travers de l'usage des engrais industriels. La transformation de dizaines de millions d'hectares de prairies ou de forêts en monocultures pour biocarburants fera exploser tous les chiffres actuels. Aucun calcul global n'est pour l'heure envisageable. En outre, la même quantité d'engrais utilisée sur un sol tropical relâche de 10 à 100 fois plus de N_2O qu'en milieu tempéré.

• DEUXIÈME ÉLÉMENT : les tourbières. Les zones humides de la planète, en particulier les marais et les tourbières, contiennent des quantités faramineuses de carbone. Environ 30 % de tout le carbone terrestre y seraient stockés. Or les biocarburants sont en train de provoquer un désastre climatique planétaire, car ces zones sont drainées pour laisser la place aux palmiers ou au soja. Au cours de la 12e Conférence des Nations unies sur le climat, qui s'est tenue à Nairobi en novembre 2006, une étude inouïe a été présentée.

Elle portait sur l'Indonésie, devenue, je le rappelle, le troisième émetteur de gaz à effet de serre de la planète, après les États-Unis et la Chine. Vous le savez déjà, ce pays achève par millions d'hectares ses forêts tropicales pour les transformer en plantations de palmiers. Mais ces forêts sont pour la plupart pluviales, reposant sur des sols gorgés de pluie, que le temps géologique a souvent changés en tourbières.

Le drainage préalable aux nouvelles plantations amorce un processus d'oxydation qui relâche des quantités gigantesques de carbone. Mélangé à l'oxygène de l'air, celui-ci se transforme en gaz carbonique et rejoint l'atmosphère, contribuant au dérèglement du climat.

Ne croyez pas que je parle d'un événement marginal. Tout au contraire, nous sommes dans la tragédie jusqu'au cou. Chaque année, le drainage forcené des tourbières d'Indonésie libère autour de 600 millions de tonnes de gaz carbonique de plus… qui ne sont pris en compte par personne !

Ces 600 millions de tonnes par an représentent plus que l'ensemble des engagements chiffrés acceptés par les pays développés à la conférence de Kyoto en 1997. Vous avez bien lu : davantage que cet objectif fixé il y a dix ans, et que les pays riches ne parviennent d'ailleurs pas à remplir. Encore faudrait-il faire le bilan mondial, hors d'atteinte, des émissions liées à la disparition des tourbières, au-delà de l'estimation pour la seule Indonésie.

Certes, les zones humides, donc les tourbières, relâchent naturellement un redoutable gaz à effet de serre, le méthane, bien plus « réchauffant » encore que le gaz carbonique. Et le bilan global et définitif de la disparition des tourbières indonésiennes est fort loin d'être achevé. Mais justement !

En janvier 2006, la revue *Nature* publie une étude qui bouleverse notre maigre savoir. Selon l'équipe de Frank Keppler, du Max Planck Institut d'Heidelberg (Allemagne), les plantes terrestres émettraient entre 62 et 236 millions de tonnes de méthane par an, plus 6 ou 7 millions émis par les feuilles mortes. Jusqu'ici, les plantes étaient considérées comme des puits de carbone, des aides précieuses pour nous aider à lutter contre le réchauffement climatique.

Badaboum : en mai 2007, une autre équipe, menée par Tom Dueck, réalise une étude qui contredit totalement la précédente. Publiée par la revue *New Phytologist*, elle conclut que les plantes terrestres n'émettent pratiquement aucun méthane.

Je n'entends pas, on s'en doute, régler ce docte débat. Mais je souhaite rappeler aux apprentis sorciers, dotés d'un (petit) cerveau dévoré par la toute-puissance, qu'ils sont des nains. Au milieu d'un immense jardin habité par bien d'autres êtres vivants. Un nain, qu'on me comprenne bien, peut être aimable, intelligent, fréquentable. Mais il est un nain. Et je n'ai rien contre les nains, d'autant que j'en suis un, comme vous tous. Je n'ai rien contre eux, du moins tant qu'ils ne passent pas notre minuscule territoire commun au défoliant de leurs inepties.

• TROISIÈME ÉLÉMENT : la déforestation. Les écosystèmes forestiers abritent, selon l'Office national des forêts, 80 % du carbone de la végétation terrestre et 40 % du carbone des sols [1]. Une forêt naturelle stocke ce carbone partout : dans ses feuilles, dans ses troncs, dans ses racines, dans le sol qui la porte. C'est un trésor fragile. Que se passe-t-il quand arrivent les bulldozers et les tronçonneuses ? Quand, sur des dizaines de millions d'hectares, on coupe et brûle ces forêts ? Il faut bien comprendre que les truands plus ou moins galonnés de Malaisie, d'Indonésie, du Cameroun, du Nigeria, du Brésil, d'Argentine, n'ont pas le temps. Il ne suffit pas pour eux d'abattre les arbres, il faut les brûler au plus vite. Là se trouve une des explications des feux démentiels qui obscurcissent le ciel du Sud-Est asiatique sur des centaines de kilomètres.

Et j'en reviens à ma question : que se passe-t-il lorsqu'on massacre des forêts qui sont aussi de fantastiques puits de carbone ? La déforestation est la deuxième cause d'émission de gaz carbonique dans le monde. Elle représenterait, d'après la FAO, entre 25 et 30 % de l'ensemble des émissions humaines. Autrement dit, les criminels qui détruisent des forêts anciennes et stables pour planter ensuite des étendues sans fin de monocultures commencent par relâcher chaque année des centaines de millions de tonnes de gaz carbonique dans l'atmosphère.

Il n'y a pas de chiffre précis. Je me contente de donner un ordre de grandeur, bien suffisant ici. Les promoteurs des biocarburants, chacun pensant à sa petite affaire, risquent

1. www.onf.fr/foret/co2/index.htm.

d'entraîner un emballement de l'effet de serre, auquel aucune force humaine ne sera plus capable de résister. Car les écosystèmes ont des limites, au-delà desquelles ils refusent de continuer à servir la folie des hommes. Tous les scientifiques qui connaissent ces questions, je dis bien tous, savent que l'évolution de ces ensembles n'a rien de linéaire. Ce qui signifie au passage qu'ils peuvent décrocher brutalement sous l'effet d'un changement en apparence minime. L'équivalent, chez un individu comme vous et moi, d'une goutte d'eau qui ferait déborder le vase. Ou de gaz.

Le déstockage massif de carbone, sans aucun contrôle, sans nul chiffrage, au seul profit d'appétits financiers sans rivage, revient à jouer à la roulette russe avec 999 cartouches dans un barillet qui compterait 1 000 chambres. *I would prefer not to*. On traduit souvent la formule du *Bartleby* de Melville par : «j'aimerais mieux pas». Je lui préfère, de loin, celle-ci, beaucoup plus volontaire : «j'aimerais mieux ne pas».

Respirez, je vais bientôt arrêter. Non que la liste soit close. Non. Mais la démonstration me semble acquise. Je n'insisterai pas sur la libération inévitable du carbone contenu dans le sol quand on commence à labourer une terre qui ne l'a jamais été. Car le sol, ce sol que personne ou presque ne connaît, contient lui aussi des quantités de carbone.

Par ailleurs, les études en faveur des biocarburants, le plus souvent limitées à un produit – ici le bioéthanol, là le biodiesel – et à un territoire – la France, les États-Unis –, sont fondées sur ce qu'on appelle des analyses de cycles de vie, ou ACV. Sur le papier, c'est parfait. On quantifie les impacts d'un biocarburant depuis sa production jusqu'à la fin de sa vie, «du berceau à la tombe». C'est le cas de la fameuse étude française payée par l'Ademe en 2002, c'est-à-dire par nous.

L'ennui, c'est que ces études oublient tout ou partie d'éléments qui changent radicalement la perspective. Par exemple, l'érosion des sols. Par exemple, la déforestation ou le drainage des zones humides. Par exemple, l'usage de protoxyde d'azote. Autant d'éléments qui, ayant un impact puissant sur l'effet de serre, représentent donc des conséquences inévitables de la révolution des biocarburants.

Le coup de grâce de l'OCDE

Autrement résumé, les chiffres officiels sont affreusement, nécessairement, follement incomplets. Faux, en un mot, ce qui ne chagrinera guère les grands amis de la vérité que sont les admirateurs de l'éthanol et du biodiesel.

David Pimentel, le professeur de l'université Cornell déjà cité, a été interrogé le 8 décembre 2006 par Tom Philpott, de *Grist Magazine*[1]. Dans le contexte américain, cet homme joue la totalité de sa réputation à chaque intervention publique. Une erreur, une seule erreur, et il sombre aussitôt. Voilà pourquoi ses propos sont si édifiants. Philpott lui demande : « Vous prétendez que la balance énergétique de l'éthanol est négative, alors qu'il existe un consensus croissant pour affirmer qu'elle est positive. Comment expliquer cela ? » Pimentel répond : « Les partisans de l'éthanol établissent qu'elle est positive en laissant de côté de nombreux intrants qui servent à la production du maïs. » Nouvelle question de Philpott : « D'après votre expérience, comment les chercheurs justifient-ils ces omissions ? » Nouvelle réponse de Pimentel : « Ils ne les justifient pas. Ils se contentent d'omettre. »

Je devrais en rester là, car c'est une belle conclusion. Mais je ne résiste pas à l'envie d'ajouter ce qui suit. L'Organisation de coopération et de développement économiques (OCDE) regroupe les gouvernements de trente pays, auxquels elle délivre sans relâche, depuis 1961, les conseils les plus libéraux qui se puissent trouver sur le marché. Et il y a concurrence, comme on sait. Pour mieux situer le machin, sachez que

1. www.grist.org/news/maindish/2006/12/08/philpott.

notre grand Alain Madelin, assez ultra, il faut bien l'écrire, a essayé, sans succès, d'en devenir le secrétaire général.

L'OCDE, donc. Eh bien, ces excellents experts sont colère, figurez-vous. Le Forum international des transports, qui dépend de l'OCDE, a publié le 12 juin 2007 un communiqué que je qualifierai, en assumant le mot, de démentiel. Voici les premiers mots : « À la suite d'une réunion à Paris de 40 des meilleurs experts du transport, de l'énergie et de l'environnement sur l'apport des biocarburants à l'amélioration de la durabilité des carburants du secteur des transports, Jack Short, secrétaire général du Forum international des transports, a exprimé ses préoccupations dues au fait que peu de biocarburants semblent effectivement offrir un apport réel en termes de sauvegarde du climat ou d'indépendance énergétique, alors même que les biocarburants sont un moyen très coûteux de répondre à ces défis. »

L'OCDE, maître incontesté du capital, ne se contente pas de douter. L'OCDE grogne, et retrousse même ses babines sur de solides canines. Je poursuis : « Il existe en effet un haut degré d'incertitudes sur le bilan en termes d'émissions de gaz à effet de serre à partir de la production et de la consommation de biocarburants à la place du gazole ou de l'essence. Certains biocarburants peuvent même aboutir à davantage d'émissions que les produits pétroliers. »

Et maintenant un coup de griffe – de tigre – au lobby français, très amateur de biodiesel : « Le bilan n'est pas meilleur pour le biodiesel. Les biocarburants de seconde génération promettent des améliorations, mais toutefois de grandes incertitudes demeurent à leur sujet. Des unités de production pilotes sont sur les rails et devraient prouver la viabilité expérimentale de la technologie, mais une production à grande échelle semble dépendre de subventions non moins importantes et devrait aboutir aux mêmes pressions environnementales sur les sols et l'environnement naturel que les biocarburants actuels. » Je plains Alain Prost, champion dûment financé par le lobby français du biodiesel. Ou plutôt, je le plaindrais, lui et ses nombreux sponsors, s'il en avait besoin. Mais, à part l'argent, de quoi un homme semblable peut-il avoir besoin ?

Ultime commentaire : l'OCDE évoque des biocarburants de deuxième génération, et dit tout le bien qu'il faut en penser. Cette deuxième génération est la prochaine arme fatale du lobby. La première est un désastre ? Pas grave, puisque la seconde sera un triomphe. Reste que l'OCDE sait et affirme, dans des termes qui, bien que diplomatiques, n'en sont pas moins violents, que les biocarburants ne servent pas la cause du climat. Pour parler clair, ce grand argument des lobbyistes, c'est du pipeau.

Ah, et à l'heure où ces lignes sont écrites, la presse française unanime semble avoir oublié de présenter cette analyse à ses lecteurs. Semble. Je ne lis pas tout.

Chapitre 9

Ces « écologistes » qui applaudissent

Pour que la tragédie soit complète, leur présence était nécessaire. Aux États-Unis, en Europe, en France donc, des milliers d'écologistes soutiennent et parfois plébiscitent les biocarburants. Soit ils croient la propagande, soit ils croient bâtir leur petite communauté libre et autonome. Et parfois les deux.

Le journaliste britannique George Monbiot écrit des chroniques que j'aime beaucoup lire. Le plus souvent dans le quotidien *The Guardian*. C'est informé, parfois drôle ou caustique, cela secoue presque fatalement. Or, le 6 décembre 2005, il écrivait un texte puissant intitulé, en anglais : « Worse than fossil fuel » (« Pire que les carburants fossiles »). Et l'article avait bien entendu pour sujet les biocarburants. En voici quelques extraits, dans une traduction empruntée :

« Au cours de ces deux dernières années, j'ai fait une découverte inconfortable. Comme la plupart des écologistes, j'ai été aussi aveugle aux contraintes environnementales affectant notre approvisionnement énergétique que nos adversaires l'ont été vis-à-vis des changements climatiques. [...] La dernière fois que je me suis penché sur les risques liés à la fabrication de carburants à partir d'huiles végétales, la virulence des insultes a égalé les sommets atteints par les partisans de la guerre en Irak. Les missionnaires des carburants végétaux sont, dans leur négation des problèmes, aussi bruyants que les responsables d'Exxon. Je suis prêt à reconnaître que mon éditorial précédent était erroné. Mais qu'ils ne se réjouissent pas trop tôt : j'avais tort parce que j'avais sous-estimé l'impact destructeur de ce type de carburant.

« Avant d'aller plus loin, je dois préciser qu'utiliser l'huile usagée de friture comme carburant est une bonne chose. Les gens qui pataugent et glissent dans des cuves pleines de saletés rendent un service important à la société. Mais il n'y a assez d'huile de friture usée en Grande-Bretagne que pour couvrir 1/380 de nos besoins en carburant pour nos transports. Et c'est là que les problèmes commencent. [...] En faisant la promotion des carburants végétaux – comme l'Union européenne, les États-Unis et des milliers d'écologistes le font –, vous imaginez peut-être que vous créez un marché pour l'huile de friture usagée ou l'huile de colza. En réalité, vous êtes en train de créer un marché pour une des cultures les plus destructrices de la planète. »

Et me voilà contraint, à mon tour, de critiquer des gens dont j'estime par ailleurs le parcours et, souvent, la ténacité. Qu'on le croie ou non, ce n'est pas de gaieté de cœur. Mais enfin, je le dois. Témoin du malaise qui existe réellement chez les écologistes, cette anecdote : en mai 2007, je suis allé faire une conférence sur les pesticides devant l'assemblée générale d'une association dont je suis membre, Bretagne vivante. Un moment très agréable, mais qui devait fatalement s'achever, car il me fallait reprendre un train à Rennes et retourner à Paris dans la soirée. Or des adhérents – la scène se déroulait à Derval, en Loire-Atlantique – repartaient justement vers Rennes et pouvaient m'y déposer.

Des gens charmants, inutile de le préciser. Mais, dans la voiture, la discussion dérivant comme il se doit au gré des interventions, j'ai été amené à parler du livre que vous tenez entre les mains. Et à exprimer le point de vue que vous connaissez. Alors le chauffeur, incrédule, s'est tourné vers moi et m'a dit à peu près textuellement : « Mais je roule à l'huile végétale, moi ! » Il en était satisfait et même fier. Et je le comprenais, je crois, mais sans changer mon point de vue d'un iota.

Roule ma fleur, une autre idée du bonheur

Avant de me lancer, encore une citation. Il s'agit d'une lettre adressée au responsable d'un site écologiste réputé en France qui diffuse des informations, Terre sacrée (http://terre-sacree.org). Je l'ai reçue le 25 septembre 2006, comme quelques milliers d'autres :

« Bonjour Michel,

« Sur ce sujet des carburants "verts", je vous ai envoyé il y a quelques jours un petit mot en réponse à votre mail repris sous ce dernier communiqué, et je regrette un peu que vous répétiez votre avis sur la question sans faire référence à celui de vos lecteurs (et/ou adhérents).

« C'est un débat important qui va revenir fréquemment sur le tapis maintenant qu'il est avéré que la courbe de production de pétrole a dépassé son pic et ne fera que descendre à présent, autant que les prix monteront. Cela a un aspect positif puisque la nécessité économique nous oblige finalement à nous tourner vers d'autres carburants, qu'on espère moins polluants !

« Tout n'est pas noir et blanc, les biocarburants ne sont pas LA solution unique, mais ils font partie des solutions à mettre en œuvre rapidement comme substitution au pétrole. Il existe en France une surface cultivable importante qui est laissée en jachère subventionnée. On peut imaginer que, sur cette surface de jachère, des cultures de tournesol (rustique et demandant pas ou peu d'intrants) permettraient de faire tourner une partie non négligeable du parc automobile français.

« C'est vrai que le biodiesel pollue autant que le diesel produit à partir du pétrole, mais il y a quand même une différence : le gaz carbonique relâché dans l'atmosphère par les voitures roulant au biodiesel a été absorbé l'année précédente par les plantes qui sont la matière première du carburant, au lieu de plusieurs dizaines de millions d'années pour les carburants fossiles…

« Connaissez-vous l'association Roule ma fleur, que j'ai rencontrée au Larzac, qui presse pour ses adhérents de l'huile de tournesol pour servir de carburant vert et qui s'est fait assigner au tribunal pour non-paiement de la TIPP (taxe intérieure sur les produits pétroliers) ? Ce serait bien de consacrer une page au sujet des biocarburants dont on parle tant et d'y indiquer celle de cette aimable association… »

Je ne ferai pas la critique ligne à ligne de ce courrier. Mon livre est là pour cela, au fond. Notez toutefois la présence, centrale, de la question climatique, preuve que les marchands ont su convaincre jusque dans les rangs de ceux qui devraient les combattre. Et venons-en de suite à cette si « aimable association » appelée Roule ma fleur. Âmes sensibles, passez les pages qui viennent, car elles vont vous déplaire.

Le site de Roule ma fleur, sur le Net, est un lieu de rendez-vous très prisé. Lorsque je le visite le 12 juin 2007, son compteur indique qu'il a déjà reçu 296 660 visiteurs. D'après ses créateurs, il y aurait « sept trépidantes raisons de carburer à l'huile de tournesol ». Je vous les cite dans l'ordre :

1/ Cesser de cautionner les compagnies pétrolières (qui pillent les ressources en alimentant guerres et dictatures).

2/ Polluer trois fois moins (gaz d'échappement moins toxiques, huile biodégradable, haut rendement énergétique de production, culture de tournesol sans eau ni engrais).

3/ Utiliser une énergie renouvelable.

4/ Consommer local (être auto-mobile en produisant son propre carburant).

5/ Réactiver les campagnes (choisir un circuit court de transformation et de distribution).

6/ Résister à la compromission de l'État (qui condamne de manière arbitraire, abusive et infondée la société Valenergol à payer la TIPP, taxe intérieure sur les produits pétroliers, sur la vente d'huile végétale).

7/ Prouver que rien n'est joué (il existe des solutions simples à portée de main. Il suffit de se bouger le cul !).

Mon premier commentaire sera réfrigérant : Roule ma fleur, c'est consternant. Ces sept points sont un concentré de ce qu'est devenue – peut-être l'aura-t-elle toujours été – une forme d'écologie. Une façon de se voir dans le monde réel. Le détournement d'un certain esprit, que personne ne revendique, néanmoins réel, fondé sur un individualisme forcené, masqué sous l'apparence de l'autonomie et de la liberté. Ces sept points ont en commun de penser localement et de n'en plus bouger, restant à jamais entre soi. Localement, définitivement. Il y a moi, ma conscience, mon bout de terrain, ma bagnole, mes oignons, mon tournesol, mon village, etc. Je n'aime guère cette chansonnette, je dois en convenir. Et j'entends déjà les hurlements, et le déferlement. Tant pis.

Le pire est que Roule ma fleur est visiblement composée de gens sympathiques, qui me rappellent l'atmosphère des années soixante-dix. Comment est née l'association, en 2001 ? Réponse du site Internet : « Roule ma fleur est une association loi 1901 créée en Lozère (48). Qui sont les huiles à l'origine de l'histoire : des paysan(ne)s, des personnes qui expérimentent et vivent l'autonomie (jardins, pain, constructions alternatives, énergies solaire et éolienne…), des revenants de projets de développement en Afrique, des artistes et des inclassables. »

Qui n'adhérerait, a priori ? Mais cela se gâte aussitôt : « Ce carburant à l'huile végétale (HVB) est une énergie renouvelable qui n'entraîne pas d'augmentation des émissions de CO_2 responsables de l'effet de serre. En effet, au cours d'un cycle, la totalité du CO_2 dégagé par le pot d'échappement est réabsorbée par la plante l'année suivante. »

Comment peut-on écrire de telles choses ? Je veux dire, comment être à ce point naïf ? Ce dernier paragraphe est le résumé parfait de ce que le lobby tente de faire accroire depuis des années. De la manière décrite plus haut. Depuis quand un esprit libre se contente-t-il des communiqués ? Depuis quand confond-il avec autant de tranquillité information et publicité, désir et réalité ? Et comment diable ne pas comprendre qu'il existe un lien puissant autant que direct entre cette initiative de bons copains et l'entreprise mondiale de l'agriculture industrielle ? Si quelqu'un entrevoit une réponse, je suis preneur.

Roule ma fleur appartient à un réseau national appelé Pétales, qui rassemble près d'une trentaine d'autres groupes locaux. L'esprit est semblable. On y parle de « privilégier les femmes, les hommes et la nature ». De « réduire notre empreinte écologique ». De « privilégier la diffusion de l'huile végétale pure (HVP), de l'huile de friture usagée (HVU) et des esters artisanaux (résidus de décantations et corps gras) comme carburants et combustibles ». Et même de « lutter contre une production capitaliste et centralisée, favorisant une culture de la surconsommation ». Si.

Cela ne me donne pas envie de rire. Voilà des gens qui n'ont visiblement pas compris le rôle qu'ils joueront malgré eux. Qu'ils jouent déjà malgré eux dans une économie mondialisée tenue par des intérêts transnationaux.

Pour reprendre le propos de Monbiot, ces « écologistes »-là – et je reconnais utiliser des guillemets pénibles pour eux – créent en fait un petit marché qui favorise l'autre, le vrai. Et servent d'alibi parfait à la destruction du monde en marche. Ne me dites pas, non, ne me dites pas que vous seriez assez schizophrènes pour rouler dans votre petite auto avec l'huile de votre friteuse tout en menant la grande bagarre planétaire, vitale, contre l'invasion des biocarburants. Ne me le dites pas, je ne le croirai pas.

Cela ne serait qu'épiphénomène si ces « écologistes » demeuraient des groupes isolés. Mais ils sont davantage soutenus qu'on pourrait le croire. Témoin pour commencer l'association Hespul, à la réputation irréprochable. Créée en 1991 sous le beau nom de Phébus, elle n'a cessé d'œuvrer en faveur des énergies renouvelables, notamment celle du soleil. Et pourtant !

Où l'on retrouve l'Ademe, sans surprise

Sur le site Internet d'Hespul, on peut lire cette présentation navrante : « Les biocarburants participent à l'indépendance énergétique nationale. Au niveau local : la culture pour les biocarburants permet de valoriser la jachère imposée par la politique agricole, et participe au maintien des activités rurales. Pour l'environnement : l'utilisation d'éthanol est légèrement préférable à celle de supercarburant. L'utilisation d'ester est nettement plus favorable à la diminution de l'effet de serre que celle du gazole. Les huiles végétales pures sont, quant à elles, peu consommatrices d'énergie intermédiaire. Le CO_2 rejeté lors de la combustion des biocarburants correspond à la quantité absorbée lors de la croissance des végétaux. Il n'augmente donc pas l'effet de serre. »

Ne lisent-ils donc rien d'autre que les communiqués de propagande ? J'ajouterai, car je ne suis pas à une polémique près, que l'Ademe, notre chère agence et ferme bastion du lobby, est l'un des grands partenaires financiers d'Hespul. Je constate, ni plus ni moins.

Encore ? Encore. J'égratignerai cette fois le Réseau Action Climat (RAC), qui rassemble pourtant des écologistes aussi éprouvés que ceux de Greenpeace ou du WWF. Spécialisé dans la lutte contre le réchauffement climatique, le RAC est d'une utilité essentielle dans ce domaine. Mais cela ne doit pas étouffer la critique. Dans un communiqué du 30 mai 2006, le RAC rend un bien mauvais service à l'écologie en commentant sur un ton on ne peut plus mesuré les dernières annonces du Premier ministre – alors Dominique de Villepin – sur les biocarburants. Loin de rejeter ce plan pour ce qu'il est d'évidence – un soutien au lobby agro-industriel –, le RAC le commente en long et en large avant de demander des améliorations. Les biocarburants, explique-t-il, « émettent encore beaucoup trop de CO_2 par litre de biocarburant produit, ce qui réduit fortement leur intérêt pour le climat, raison même de leur développement ».

On croit rêver, ou plutôt cauchemarder, car il faudrait pour que tout soit au mieux qu'« un cahier des charges strict respectant les critères du développement durable soit élaboré pour tous les acteurs agricoles et industriels des filières de biocarburants. Il en est de même pour les produits agricoles importés ». À cette condition, croit-on comprendre, banco.

Que choisir ? Toujours la même erreur ?

Aucun engagement de cette sorte n'a jamais empêché la faim, la déforestation, la dévastation des océans, le pillage de la biodiversité. Mais le RAC y croit, ou du moins l'écrit. Je ressens comme un violent malaise. *Idem* du côté de l'UFC-Que choisir, pourtant allié historique de l'écologie. Cette grande association de consommateurs, qui s'est déjà fourvoyée, il est vrai, dans la grande farce de l'agriculture raisonnée en compagnie du lobby agro-industriel, ne fait guère mieux cette fois.

Début 2007, critiquant la politique française en la matière sur des points de détail, elle affirme soutenir le développement des biocarburants, avant d'énoncer cette ridicule position de principe : « Il est indéniable que les biocarburants possèdent des atouts : ils contribuent faiblement aux émissions globales de gaz à effet de serre liées à l'automobile puisque le dioxyde de carbone rejeté lors de la combustion des biocarburants est en grande partie absorbé lors de la croissance des plantes qui servent à le fabriquer : il n'y a pas d'apport de carbone fossile dans l'atmosphère. »

On le voit, la France de l'écologie officielle est engluée dans un soutien parfois embarrassé, mais bien réel. Je tâcherai d'expliquer pourquoi dans ma conclusion, mais je ne peux passer sous silence un échange téléphonique avec un homme pour qui j'ai la plus haute estime, Jean-Marie Pelt. Il est l'auteur de nombreux livres, dont beaucoup ont paru chez Fayard, l'éditeur de cet ouvrage. Dans *C'est vert et ça marche*, écrit en 2007, Pelt consacre un très court chapitre – moins de dix pages – au Brésil, « champion du monde des biocarburants ». Il décrit ce que je considère comme un conte de fées, et je le lui ai dit. J'ai bon espoir, car Pelt est un homme très sensible au malheur du monde, qu'il reviendra sur le sujet. Autrement.

Chapitre 10

Cette bagnole qui sent la faim du monde

Tout l'édifice repose sur elle, la bagnole. Sur le désir fou des humains d'avoir à portée de main cet énorme engin mécanique dévoreur d'espace et de ressources. Les biocarburants, c'est pour elle. Et pour nous, les aliénés du moteur à explosion. L'explosion est là, d'ailleurs.

Cette histoire ne rajeunira personne. Nous sommes au printemps 1966, quelques jours avant l'ouverture du 23e Congrès du Parti communiste de l'Union soviétique. Je le précise pour les jeunes comme pour les oublieux : cette chose qui changea un pays en cauchemar et en un gigantesque goulag peuplé de zeks a réellement existé.

Donc, le Congrès. Et là-bas André Gorz, un journaliste d'origine autrichienne qui deviendra l'un de nos grands intellectuels. Un vrai, je m'empresse de le préciser pour éviter tout malentendu. Gorz est à lui seul une anomalie, car il pense, car il œuvre, car il ouvre des voies nouvelles. Me permettra-t-on de saluer sa personne ?

À cette date, Gorz signe ses articles du *Nouvel Observateur* sous le nom de Michel Bosquet. Quel régal ! Quel régal à quarante ans de distance, quand tant d'imbécillités d'aujourd'hui sont oubliées le jour de leur publication ! Bref. Bosquet rencontre en ce printemps 1966 un économiste soviétique parmi les plus puissants. Et l'on sait le poids des économistes de cour et de plan en terre stalinienne. L'homme représente largement le pouvoir.

Bientôt, la discussion en vient à porter sur la bagnole, objet encore rare en Union soviétique. Bosquet suggère qu'un pays « socialiste » et planifié devrait accorder la priorité à ce qui manque le plus aux travailleurs : des quartiers confortables et harmonieux, des équipements collectifs, des transports publics de qualité. Ainsi, « le besoin ou l'envie de la voiture seront beaucoup moins vifs [1] ».

L'autre n'est pas loin de ricaner, qui affirme notamment que Khrouchtchev se trompait en jugeant le socialisme incompatible avec la voiture individuelle, car « les gens veulent leur propre voiture ». Consternation de Bosquet, qui continue à rêver de citadins quittant les villes en train, à la belle saison, avant d'être accueillis à destination par de petites et peu coûteuses voitures de location. Son interlocuteur, lui, est déjà dans un ailleurs rutilant de fer et de chrome. Et pour d'excellentes raisons, car que faire de ces millions de techniciens et ingénieurs qui n'ont jamais rien d'excitant à acheter ? Selon l'économiste, ils se contentent de placer leur argent à la Caisse d'épargne, où il ne sert pas, ou pas assez, la croissance. « Ils sont prêts à attendre des années pour s'acheter une voiture avec. Si nous la leur donnons, alors cet argent fait tourner l'économie et sert l'expansion. »

Le mot synonyme de « bonheur » vient d'être prononcé par un économiste soviétique très probablement mort depuis longtemps. Mais il frappe toujours autant : « expansion » ! Tout le drame du drame automobile me semble résumé là. Il y a alliance, en apparence monstrueuse et contre nature, mais alliance tout de même. Les technocrates, les bureaucrates, les économistes ouvrent des yeux éblouis devant les perspectives glorieuses, qui pèsent leur poids d'acier, d'autoroutes, de parkings, de vitesse.

---

1. Michel Bosquet, *Critique du capitalisme quotidien*, Galilée, 1973, p. 44.

Mais derrière, mais dessous, mais à côté, regardant exactement dans la même direction, il y a un peuple, sans l'inertie duquel la priorité serait réellement donnée à des quartiers agréables et à des transports publics de qualité. Et, comme je n'aurai aucun mal à l'établir, l'exemple soviétique est universel. Nous ne sommes ni meilleurs ni pires que les prolos ou les cadres de Togliattigrad, ville industrielle et automobile qui tire son nom de celui d'un ancien chef stalinien italien. C'est en ce lieu proche de Moscou qu'a été installée l'usine mère des automobiles Lada.

Bosquet écrira d'autres textes sur la bagnole, dont un article fameux paru à l'automne 1973 dans la revue *Le Sauvage*. J'aimerais le citer dans sa totalité, car il est admirable, mais ne le puis faute de place [1]. Je dois pourtant en retenir deux ou trois extraits, lumineux.

Fragments d'un discours talentueux

Le premier : « Une bagnole, de même qu'une villa avec plage, n'occupe-t-elle pas *un espace rare* ? Ne spolie-t-elle pas les autres usagers de la chaussée (piétons, cyclistes, usagers des trams ou bus) ? Ne perd-elle pas toute valeur d'usage quand tout le monde utilise la sienne ? Et pourtant les démagogues abondent, qui affirment que chaque famille a droit à au moins une bagnole et que c'est à l'"État" qu'il appartient de faire en sorte que chacun puisse stationner à son aise, rouler à son aise en ville et partir *en même temps* que tous les autres, à 150 km/h, sur les routes du week-end ou des vacances.

« La monstruosité de cette démagogie saute aux yeux et pourtant la gauche ne dédaigne pas d'y recourir. Pourquoi la bagnole est-elle traitée en vache sacrée ? Pourquoi, à la

1. On peut le trouver dans *Écologie et politique* (Galilée, 1975) ou sur : http://antivoitures.free.fr/2004/12/lidologie-sociale-de-la-bagnole-1973.html.

différence des autres biens “privatifs”, n’est-elle pas reconnue comme un luxe antisocial ? »

Deuxième fragment de ce discours on ne peut guère plus talentueux : « On a éclaté les agglomérations en interminables banlieues autoroutières, car c’était le seul moyen d’éviter la congestion véhiculaire des centres d’habitation. Mais cette solution a un revers évident : les gens, finalement, ne peuvent circuler à l’aise que parce qu’ils sont loin de tout. Pour faire place à la bagnole, on a multiplié les distances : on habite loin du lieu de travail, loin de l’école, loin du supermarché – ce qui va exiger une deuxième voiture pour que la “femme au foyer” puisse faire les courses et conduire les enfants à l’école. Des sorties ? Il n’en est pas question. Des amis ? Il y a les voisins… et encore. La voiture, en fin de compte, fait perdre plus de temps qu’elle n’en économise et crée plus de distances qu’elle n’en surmonte. Bien sûr, vous pouvez vous rendre à votre travail en faisant du 100 km/h ; mais c’est parce que vous habitez à 50 km de votre job et acceptez de perdre une demi-heure pour couvrir les dix derniers kilomètres. Bilan : “Les gens travaillent une bonne partie de la journée pour payer les déplacements nécessaires pour se rendre au travail” (Ivan Illich). »

Troisième cadeau venu de ce passé si proche et si lointain : « D’objet de luxe et de source de privilège, la bagnole est ainsi devenue l’objet d’un besoin vital : il en faut une pour s’évader de l’enfer citadin de la bagnole. Pour l’industrie capitaliste, la partie est donc gagnée : le superflu est devenu nécessaire. Inutile désormais de persuader les gens qu’ils désirent une bagnole : sa nécessité est inscrite dans les choses. Il est vrai que d’autres doutes peuvent surgir lorsqu’on voit l’évasion motorisée le long des axes de fuite : entre 8 heures et 9 h 30 le matin, entre 5 h 30 et 7 heures le soir et, les fins de semaine, cinq à six heures durant, les moyens d’évasion s’étirent en processions, pare-chocs contre pare-chocs, à la vitesse (au mieux) d’un cycliste et dans un grand nuage d’essence au plomb. Que reste-t-il des avantages de la bagnole ? Qu'en reste-t-il quand, comme c'était inévitable, la vitesse plafond sur les routes est limitée à celle, précisément, que peut atteindre la voiture de tourisme la plus lente ? »

Il est plutôt malaisé d'écrire après cet homme-là, mais je vais essayer. Oui, la bagnole est devenue un besoin vital, ressenti comme tel par des millions de Français. Pardon : des dizaines de millions. Il faut à coup sûr revenir à Henry Ford, grand ami de l'éthanol, pour mieux apprécier ce que la bagnole lui doit. Cet homme souhaitait vivement, car c'était un grand capitaliste, équiper à peu près chaque Américain d'une voiture individuelle. Au pays de la Frontière, des pionniers, de la liberté, quoi de plus « naturel » ? La Ford T, imaginée en 1908, repose largement sur cet imaginaire-là, et elle resta jusque dans les années soixante-dix la voiture la plus produite au monde. La Ford T, c'est notre civilisation, ni plus ni moins.

Mais comment faire pour *rationaliser* ? Oui, comment sortir de cet artisanat encore si prégnant au début du XXe siècle ? Les pièces sont souvent bricolées, ajustées sur un coin de table d'atelier, et ne sont pas, pour la plupart, interchangeables. Heureusement, il y a l'ingénieur Frederick Taylor, obsédé par le rendement industriel, dont le nom, sous la forme du taylorisme, reste bien connu. Dans les usines de l'époque, les ouvriers perdent un temps fou à se déplacer avec leurs outils pour fignoler un travail. Que de retard !

Les abattoirs de Chicago

En 1913, après avoir tâtonné, après avoir beaucoup appris des méthodes de travail révolutionnaires de Taylor, Ford devient un héros mondial. Grâce au nouveau système, qu'on appellera la « chaîne », un employé passe d'une voiture à une autre en 1 minute et 10 secondes contre 2 minutes et 20 secondes auparavant. Quel somptueux gain de productivité ! D'autant que ces damnés artisans n'ont justement plus besoin de l'être, artisans. C'est encore mieux s'ils ne savent rien, ou presque. L'intelligence est dans l'assemblage, dans le concept, dans l'esprit fertile des ingénieurs, dont le nombre, au reste, augmente massivement. Dès 1931, dans un ballet féerique, l'acier entre d'un côté de l'usine, caressé au-dedans par la baguette magique tayloriste, et ressort de l'autre côté sous la forme d'une auto fin prête à partir vers de grandes aventures. C'est le début de tout. Les coûts de production s'effondrent, ouvrant une voie royale à la consommation automobile de masse.

Je suis bien désolé de gâcher un peu la fête, mais il y a un point que les dévots de Ford oublient souvent. Comme il l'a reconnu lui-même dans ses Mémoires, l'idée du travail à la chaîne ne lui est pas venue spontanément. Et si vous êtes prêts à la plongée, nausée incluse, suivez-moi à Chicago.

L'académicien oublié Paul Bourget, envoyé spécial du *New York Herald*, se rendit en 1893 à Chicago, précisément dans les abattoirs industriels qui faisaient la réputation mondiale de cette ville. On y massacrait porcs et bœufs par millions, mais pas n'importe comment. De manière moderne. Cela donne ceci (pardon) : « Notre guide nous crie de nous effacer et nous voyons passer devant nous des files de porcs qui glissent, les ventres ouverts, leurs pattes de derrière pendues à une tringle le long de laquelle ils roulent du côté d'une voûte où d'autres bêtes attendent par innombrables files. Nous avançons, évitant de notre mieux ces étranges rencontres, pour arriver, les pieds englués dans une boue sanguinolente, jusqu'à la plate-forme. [...] Les bêtes sont là, dans une espèce de fosse, grouillant et criant, comme si elles avaient la vision de l'horrible machine qui s'approche, et elles ne peuvent pas plus lui échapper qu'un condamné, le cou dans la lunette, à la guillotine. C'est une espèce de croc mobile qu'un homme abaisse... »

Je ne m'éloigne pas, hélas. Comme si cela ne suffisait pas, me voilà parcourant certaines pages du livre *Le Silence des bêtes* d'Élisabeth de Fontenay (Fayard, 1998). Cette dernière y convoque le grand Vassili Grossman, auteur de *Vie et Destin*, qui m'aura tant poursuivi. Elle cite quelques lignes tirées d'un des derniers ouvrages du romancier soviétique, *La paix soit avec vous*. Les voici : « Les moutons ont regardé les bergers. Ils sont devenus semblables. Les yeux d'un mouton regardent l'homme d'une manière particulière – ils sont aliénés, vitreux. [...] C'est probablement avec des yeux pareillement dégoûtés et aliénés que les habitants du ghetto auraient considéré leurs geôliers gestapistes si le ghetto avait existé cinq mille ans durant et que, tous les jours de ces millénaires, des gestapistes étaient venus chercher des vieilles femmes et des enfants pour les anéantir dans des chambres à gaz. [...] Quel doux et fier mépris dans ce regard vitreux, quelle divine supériorité que celle de l'herbivore innocent sur les meurtriers auteurs de livres et créateurs d'ordinateurs. »

Ainsi Vassili Grossman, grand humaniste, se pose-t-il la question terrible des liens entre le massacre des bêtes et celui des hommes. Ainsi Primo Levi, grand humaniste, a-t-il lui aussi comparé l'apparemment incomparable : les tortures infligées à des prisonniers à Dachau et les souffrances imposées à certains animaux de laboratoire.

Et que dire d'Isaac Bashevis Singer, clamant dans son autobiographie, intitulée *Un jeune homme à la recherche de l'amour*, que le monde n'est décidément qu'un « immense abattoir », ajoutant même que « les vrais martyrs innocents sur cette terre sont les animaux, particulièrement les herbivores » ? À leur suite, Élisabeth de Fontenay ajoute : « Réfléchir sur le sort des bêtes leur a donné à penser le destin de la plupart des hommes, eux aussi malades de l'Homme. »

Silence universel sur le monstre

Non, je ne me suis pas éloigné. Ford a tiré sa vision de la ligne d'assemblage industriel – *assembly line* – de la chaîne de dépeçage – *disassembly line* – des abattoirs de Chicago. Je ne sais pas davantage qu'Élisabeth de Fontenay quels liens unissent au juste la barbarie entre les hommes et le sort fait aux animaux, désassemblage compris. Mais je suis sûr que la question est moralement défendable. Et certain que la connaissance de l'histoire est nécessaire à qui veut comprendre ce qu'il peut, ce qu'il doit comprendre. L'industrie automobile est née dans la grande salle ultramoderne des abattoirs de Chicago, quand personne ne songeait encore à faire rouler des engins mécaniques avec des plantes alimentaires. Sauf Ford, ce précurseur génial.

Poursuivons. La critique de notre monde réel, qu'elle vienne de la gauche ou plus récemment de l'écologie dite politique, est muette sur les objets. Ou plutôt : tel estime qu'il faut en distribuer davantage aux «pauvres» du monde riche et tel autre qu'il faudrait veiller à ne pas abuser du plaisir d'en posséder. Mais on ne trouve personne, dans les forces organisées, pour contester leur existence, leur essence. Chez les libéraux de toute obédience, qui aiment tant le monde tel qu'il se disloque, c'est bien normal. Mais chez les autres? Rien chez les socialistes. Ni chez les derniers et risibles staliniens-qui-n'en-sont-plus. Ni chez les Verts. Ni parmi les nombreux courants et sous-courants de l'extrême gauche. Ni même chez nos fringants anarchistes. Rien.

Or les objets changent le monde et les hommes, à la différence des programmes. L'automobile pour tous, inventée par Ford, a évidemment été l'un des moteurs – sans jeu de mots – de l'extraordinaire destruction en cours. Tout aura été plié à ses lois d'airain. La conformation des cités et leurs voies d'accès, l'espace concédé aux jeux d'enfants et au passage des poussettes, la dimension des places et des placettes, le temps comme le lieu de travail, le travail lui-même et son verso appelé loisir.

Tout, tout aura été donné à cet objet insolite, car l'imaginaire qui est le sien se sera révélé le plus fort. Et quel imaginaire ! Il est celui de l'individu roi, l'aboutissement inattendu, à ce point d'incandescence du moins, de l'individualisme. Cet individualisme associé, il faut bien le dire, aux deux siècles passés de l'histoire politique en Occident. J'y reviendrai, pour éviter d'être mal compris, si c'est encore possible.

La bagnole, en tout cas, c'est moi-je contre le reste du monde. Contre mon voisin, cet insupportable imbécile qui gare sa voiture tout contre la mienne, contre ma famille, qui en réclamant sa pitance m'empêche d'acheter ce modèle fabuleux, contre ce vacancier qui se traîne sur la si belle autoroute, contre ce 38-tonnes, contre les motards, contre la police des routes, et les radars, et les permis à points, et les ceintures obligatoires.

La bagnole, c'est l'esprit retourné de l'humanité. C'est l'opposé de ce qu'il faudrait, de ce que l'époque terrible où nous sommes plongés commanderait. Nous devrions, plus que jamais dans notre histoire, être solidaires, attentifs à l'autre, soucieux de la place et surtout de l'espace de chacun. Obsédés par les conséquences de nos actes. Obsédés par les cris qui montent, par la crise qui déferle, obsédés par cette folle entrée, en fanfare, dans l'âge anthropocène d'une humanité devenue pour la première fois un agent géologique.

L'ALIÉNATION, MALADIE DE MASSE

Mais nous préférons danser, façon de parler, dans les embouteillages. En France, le coût moyen d'une bagnole, en y incluant tous les frais quels qu'ils soient – ce que personne ne fait –, est de plus de 500 euros par mois. Personne ne croit à ce chiffrage, j'en ai fait l'expérience. Il est pourtant aisé de savoir qu'il est de 541 euros en Suisse et de plus encore dans un pays comme le Canada, qui a d'autres contraintes que le nôtre.

Plus de 500 euros ! Par mois ! En 2004, le salaire médian des Français était de 1 484 euros par mois, net. Autrement dit, la moitié de la population gagnait cette somme ou moins. Certes, on peut penser que l'autre moitié, roulant dans des voitures plus puissantes, dépense davantage pour ses bagnoles. Mais tout de même ! Le pourcentage des revenus consacrés à la voiture individuelle est ahurissant. Et rappelons que la moyenne concerne une bagnole et une seule. On peut aussi en avoir deux, ou quatre, sans compter les 4x4 et les quads.

Cette maladie mentale de masse porte un nom qui lui va comme un gant : l'aliénation. Je sais, car j'ai tout de même un peu lu, que la notion allemande d'*Entfremdung* n'a rien à voir avec notre bonne vieille folie. Il m'est même arrivé, dans une autre vie, de lire Feuerbach, lequel inspira sur ces questions le jeune Marx, qui par définition n'est pas le vieux. J'arrête là mon numéro d'ours savant. L'aliénation, au sens philosophique, est une notion capitale qui permet de décrire, sinon de comprendre, ces masses d'humains qui s'abîment dans des projets ou des objets au point de devenir étrangers à eux-mêmes, éloignés de leur liberté, parfois à jamais. Le latin *alienus*, à l'origine du mot français, supporte plusieurs définitions dont certaines me plaisent spécialement : qui appartient à autrui, qui est hostile, égaré, déplacé, ennemi de, sans goût pour.

La bagnole et ses usages fantasmatiques ont massivement transformé les hommes en des autres hostiles, ennemis d'eux-mêmes, pour lesquels la chose compte davantage que l'être, et de loin. Que l'âme, si l'on préfère. Que le projet humain, si l'on y tient. La réification du monde, l'abaissement de notre intelligence devant l'absurde possession d'objets est l'une des composantes majeures de la crise écologique, de la crise de la vie.

Et le phénomène – qui n'est pas né avec elle, certes – doit beaucoup à la Ford T. Le capitalisme, pour vivre et s'adapter, pour perpétuellement se développer, a su inonder le monde, individualiser le désir éternel, proposer quelque chose de semblable en même temps que différent. Une chaîne ininterrompue mène de l'auto à la télé plasma, de la télé à l'ordinateur, de l'ordinateur au téléphone portable, pour lequel on tuera bientôt. Et nul ne s'est levé encore pour dire non.

La gauche, toutes les gauches, l'écologie, (presque) toute l'écologie ont massivement soutenu puis défendu cette invraisemblable régression. L'idée, la seule idée était au fond qu'on ne produisait pas assez d'objets. Qu'on n'en distribuait pas assez, qu'il n'était pas juste qu'ils n'appartiennent qu'à une fraction privilégiée de la société humaine. Mais que, dès que cette société aurait changé de base, l'abondance matérielle profiterait enfin à chacun, pour le bonheur de tous.

Aucune vraie bagarre sociale n'aura eu lieu en faveur de villes vivables, que les hommes n'auraient pas souhaité fuir en permanence. Le week-end, surtout. En bagnole, surtout. Aucun combat réel n'aura été mené contre la transformation des villes en parkings, couloirs et tranchées, contre la prolifération de banlieues atroces à perte de vue, reliées par des fils et des pelotes d'autoroutes, contre l'incroyable installation de lotissements géants sur d'admirables terres agricoles, contre la multiplication de centres commerciaux où personne ne peut se rendre sans avoir au préalable acheté un moteur, et des roues.

Comment aurait-on pu attendre de tous ces gens qu'ils s'attaquent à la bagnole, laquelle est le socle d'une société qu'au fond ils défendent ? J'entends déjà les cris, mais comme ils sont inévitables, je les accepte de bon cœur. Le mouvement des idées a son rythme, hélas bien lent. Et ce qui se défait sous nos yeux n'est rien d'autre qu'un cycle historique, un de plus. Celui ouvert par la révolution industrielle, qui a consacré une alliance, indestructible en apparence, entre la raison et l'industrie. Entre l'idée et la puissance. Entre la science et la puissance mécanique et matérielle. Il faudra des décennies pour en sortir, comme il a fallu des décennies pour que surgisse de l'univers des machines et des taudis prolétaires un mouvement ouvrier digne de ce nom.

L'affreux, c'est bien entendu que nous n'avons pas ce temps-là. Le drame, c'est que la crise écologique a désespérément rebattu les cartes. Et la bagnole, davantage que tout, concentre les contradictions principales de notre époque. Vous souvenez-vous ? Les gauches se sont toujours voulues universalistes. C'était leur marque de fabrique, ce qui les distinguait des droites d'hier et de demain. Elles incarnaient le monde entier, l'égalité ontologique de l'humanité souffrante.

Plus jamais la gauche

Évidemment, ce n'était qu'un mythe bien commode. En dehors de quelques valeureux, on ne sache pas que les grands appareils aient jamais engagé leurs forces vives, en France, dans la lutte contre l'esclavage, les colonies, pour Dreyfus, contre les massacres de Sétif ou de Madagascar, contre les guerres coloniales ensuite et la torture de masse. Plus récemment, aucun mouvement n'aura surgi pour réclamer de nos industries qu'elles distribuent immédiatement et gratuitement à nos frères du Sud les trithérapies qui sauvent au Nord ceux touchés par le virus du sida.

Donc, un mythe. Mais puissant, récurrent, perpétuellement renaissant. Il n'y avait en réalité pas une, mais des humanités bien différentes les unes des autres. Néanmoins, les gauches pouvaient prétendre, et les peuples croire, qu'un jour viendrait où tout cela ne serait plus qu'un mauvais souvenir. Dès que la machine, tombée entre d'autres mains plus partageuses, aurait enfin produit assez de sources de lait et de miel pour tous.

Mais ce mythe est mort sous nos yeux, par force, pour des raisons qui ne peuvent plus guère être cachées. Les gauches sont mortes – je sais que l'expression a beaucoup servi, mais je la garde, et je l'affirme au premier degré : les gauches sont mortes, car elles ne représenteront jamais plus cette humanité qu'elles étaient censées défendre.

Le modèle de consommation occidental, le nôtre, donc, n'est pas généralisable. Il n'est pas, ne sera jamais universel.

Jamais. Il consacre l'existence de deux mondes antagoniques, qui se font face et qui s'affronteront à mort si rien n'est tenté très vite. Les chiffres sont connus, et ils ont même été repris à l'été 2002, lors de la conférence rigolote de Johannesburg, par notre ancien président Chirac. « La planète brûle », etc.

Pour satisfaire nos si nobles besoins partout dans le monde, il faudrait trois planètes. Car on sait désormais calculer l'empreinte écologique d'un pays ou d'un individu. Cette empreinte, c'est tout ce dont on a besoin pour maintenir en l'état telle manière de vivre sur terre. Le calcul, simple et compliqué, inclut, pour une fois, tout. Sa traduction prend la forme d'une surface d'écosystèmes indispensable au maintien du niveau de vie.

Il faudrait donc à peu près trois planètes pour que le mode de vie français puisse être octroyé à tous sur terre. Et cinq si l'on voulait appliquer partout l'*American way of life*, plus dispendieux, plus délirant encore. Je crois, je suis à peu près sûr qu'aucun intellectuel distingué de chez nous n'a réellement compris qu'une porte se refermait à jamais. Il nous faudra désormais défendre par les armes ce que nous dévorons sans seulement y penser. Ou changer. Vite et beaucoup.

NUIT DE CHINE, NUIT CÂLINE

De ce point de vue, la bagnole est une caricature. Je viens de lire des textes insupportables de fatuité, pensés pourtant par des hommes qui en valent bien d'autres, dont moi, je vous rassure. Ils figurent sur le site semi-officiel http://chine-informations.com et évoquent la question de l'automobile en Chine.

L'un des auteurs, un spécialiste français dont on oubliera le nom, présente ainsi la situation : « Un marché global caractérisé par une accélération du mouvement de mondialisation, un cycle de profondes mutations et des restructurations à venir :

10 groupes de constructeurs, 300 équipementiers présents sur tous les continents réalisent 80 % des 61 millions de véhicules fabriqués annuellement. Des constructeurs qui élargissent et renouvellent leurs gammes de plus en plus rapidement afin de proposer une offre adaptée à des marchés en constante évolution et qui, face à la maturité des pays du marché européen, ciblent les marchés d'acquisition des pays émergents. »

Bien sûr, dans ce monde idéel, nulle basse contrainte ne saurait subsister en face de la puissance du marché. Voici la suite, qui concerne la Chine : « Avec l'accélération de la mondialisation et de l'innovation et l'importance croissante des facteurs de compétitivité, aucune position n'est véritablement acquise et aucun marché réservé. Avec une fabrication de plus de 5 millions de véhicules par an et une réserve de croissance énorme, la Chine va très prochainement occuper le 4e rang des pays constructeurs, devant la France. »

Et il a raison, je le garantis. Sauf que le propos date un peu : la Chine est depuis 2006 le troisième producteur mondial d'automobiles, avec 7,2 millions d'unités produites. De 1999 à 2004, la Chine avait déjà représenté 46 % de la croissance mondiale automobile. Et elle est devenue en 2006 le deuxième marché de la planète pour les voitures individuelles, après celui des États-Unis. Mais à peine 2 % des ménages possèdent une automobile ! Ou 3 % dans le meilleur des cas. Les perspectives sont donc grandioses. Et tous les constructeurs, dont les nôtres, n'ont qu'un souci en tête : comment pénétrer ce marché, qui pourrait être multiplié par cinq ou sept en seulement quelques années ? Rien d'autre ne compte ni ne comptera.

Le marché, ce marché tant vanté par ceux qui en profitent, est certes efficace à court terme. Mais totalement amoral, totalement fou, totalement suicidaire, notablement aveugle. Car l'explosion automobile en cours en Chine – et en Inde, et partout ailleurs – menace la vie. On surprendrait bien des patrons de l'automobile si on les traitait de criminels. Mais que sont-ils, en vérité ?

La clim est un crime

L'équation reste à la portée de qui sait lire. Les transports, essentiellement la bagnole, produisent autour de 30 % du gaz carbonique envoyé dans l'atmosphère par les hommes. Un peu plus ou un peu moins, selon les chiffres. C'est l'une des clés principales de la crise climatique. Par ailleurs, et contrairement à ce que la publicité cherche à imprimer de force dans nos cerveaux rendus disponibles, la consommation par unité ne baisse pas.

Une étude américaine a montré qu'entre 1980 et 2002, à cause de l'engouement pour les 4×4 et autres gros engins chers au cœur de Schwarzenegger, rien n'a bougé : la bagnole brûle toujours autant d'énergie fossile par moteur. Et en France, sans doute l'aurez-vous remarqué, trois voitures neuves sur quatre sont équipées de la climatisation. Dans un pays tempéré ! La propagande, mais nous en sommes complices, a une nouvelle fois imposé sa loi. La clim se paie au prix fort. Elle augmente la consommation de carburant de 25 à 35 % en ville, de 10 à 20 % sur route. Et le circuit de refroidissement, ce pauvret, finit par fatiguer et relâcher dans l'air le fluide magique qui produit le froid. Lequel a un pouvoir de réchauffement global (PRG) 1 300 fois plus élevé que le gaz carbonique. Magnifique !

La blague n'est que modérément goûteuse. Car le monde compte environ un milliard de bagnoles. Mais peut en espérer deux d'ici vingt-cinq ans, peut-être avant. En imaginant que cela arrive, bien que je n'y croie guère, le dérèglement climatique sera alors devenu incontrôlable. À cause de la bagnole. Laissez-moi vous rappeler qu'il faut diviser par quatre en France et par deux dans le monde les émissions de gaz à effet de serre dans les prochaines décennies. Dans l'espoir très optimiste de limiter la casse climatique. La bagnole ruine toutes nos chances d'y parvenir.

Et que se passerait-il – se passera-t-il – concrètement en Chine si, comme tout l'indique, les petits-bourgeois de là-bas continuent de s'équiper à toute allure ? Près de 1 000 nouvelles voitures encombrent chaque jour Pékin, qui en a oublié ses vélos. Mais, au-delà de tant de problèmes qui semblent bel et bien insolubles, il faut en revenir à la base de tout, qui est tout de même l'alimentation. *Bis repetita* : qui nourrira la Chine ? Je vous ai déjà parlé du grand agronome Lester Brown. En 2005, il a publié une remarquable étude, sous couvert de l'Earth Policy Institute, qu'il dirige. Concentrons-nous sur l'essentiel : si les Chinois veulent consommer comme les Américains, s'ils se rapprochent des standards de vie de ces derniers, ainsi que le croient tant de naïfs, alors nous aurons de grandes surprises. Et, parmi elles, celle-ci : en 2031, dans vingt-trois ans donc, les routes, autoroutes, parkings et autres infrastructures dédiées à la bagnole occuperont autant d'espace, en Chine, que celui consacré aujourd'hui à la culture du riz. Et j'ajoute pour ma part ce détail : dans ce pays, les zones agricoles fertiles sont rares et concentrées. Elles sont surtout présentes là où poussent en ce moment des routes et des autoroutes. Les Chinois n'auront donc pas le beurre et l'argent du beurre. Ils n'auront pas le riz et la bagnole. N'y comptez pas.

Conclusion

Et nous là-dedans, qu'est-ce qu'on y fait ? (Air connu)

Responsables et coupables, hélas. Nous. Le système industriel est bien une cause première. Mais nous ne sommes pas loin derrière, qui courons après le moindre colifichet. Le pire de la bagnole : son impensé radical.

Alors, et nous ? Voici le plus délicat. Car il est courant, et si commode, de s'en prendre au système, aux méchants, au capital, à l'autre. Cela rassure, cela aveugle. Car évidemment, sans notre soutien empressé, sans notre capacité sans limites à (nous) mentir, sans cette joie terrible de gosse à appuyer sur le champignon, la bagnole ne serait pas devenue le centre du monde.

C'est bien parce que nous voulons cette chose qu'elle impose en retour ce que je viens de décrire. Et il est assez fascinant de voir tant d'esprits ouverts et malins assurer la défense et l'illustration d'un objet aussi indigne de considération. J'ai en mémoire ce que je n'ai pas connu. D'Audierne à Douarnenez, par exemple, il existe les traces, le long du Goyen, minuscule fleuve, d'une ligne de chemin de fer. Et vers Sauclières, sur les contreforts aveyronnais du Larzac, de même. Des arches, des ponts. On pouvait jadis passer du Vigan à Alzon, puis monter sur le grand plateau, célèbre pour sa bagarre contre un camp militaire. En train. De même, partout en France, jusqu'en moyenne montagne. Il a existé un réseau dense de minuscules gares, qui aurait d'ailleurs pu être doublé, décuplé, centuplé. Et connecté au point d'arrivée, comme le rêvait Michel Bosquet en 1966, avec des modes souples et personnalisés de déplacement.

Tenochtitlan, cette antique merveille

La bagnole individuelle, devenue intouchable, n'était pas fatale. D'autres systèmes étaient concevables, d'autres organisations sociales et spatiales imaginables. Il est bien dommage d'être passé à côté. Mais enfin, nous y sommes. Le curieux, l'extravagant, c'est que personne n'imagine la fin de la bagnole. La fin du monde, d'accord, la fin de la bagnole, jamais ! Bien entendu, elle finira. Elle est déjà morte, malgré les apparences, car elle ne conduit nulle part où l'humanité puisse se rendre. Elle agresse de façon irresponsable le climat, rend les villes monstrueuses, surtout dans le Sud, tue par millions les poumons qui respirent ses effluves. Lagos, Bombay, Shanghai, Mexico sont détruites pour un siècle au moins. Certes, la bagnole n'est pas coupable de tout, cela se saurait. Mais elle aggrave l'insupportable détresse de ces cités.

Qui se souvient encore des descriptions de Bernal Díaz del Castillo, compagnon de Cortés en 1519 ? Lorsque les conquistadores, épuisés d'avoir passé tant de cols à plus de 4000 mètres avec leurs canons, parviennent enfin au-dessus de la plaine immense, ils ont un choc. Soudain, Mexico-Tenochtitlan apparaît devant les soudards.

La ville est plus belle que les plus grandes d'Espagne, suspendue au bout de ses pilotis, organisée comme aucune autre. Si belle que Díaz del Castillo en tombe profondément amoureux. Il écrira bien plus tard, dans un récit admirable : « Quelques-uns d'entre nous se demandaient si tout ce que nous voyions là n'était pas un rêve ; et il ne faut pas être surpris que je l'écrive de cette façon, car il y aurait beaucoup à dire au-delà de ce que je pourrais raconter sur ces choses que nous n'avions ni jamais vues, ni jamais entendu décrire, ni jamais aperçues dans nos rêves, aussi grandioses qu'elles apparaissaient maintenant à nos regards. »

Aujourd'hui, Mexico et tant d'autres mégapoles meurent. L'un des assassins les plus acharnés s'appelle la bagnole. Combien d'investissements, vitaux pour l'eau potable, les latrines, le tout-à-l'égout, le traitement des déchets, l'école, l'alimentation, sont-ils détournés au profit de cette saloperie ? Il n'y a aucune solution, il n'existe pour les défenseurs de la bagnole que la fuite en avant, jusqu'au bout, jusqu'à l'extrême fond de l'impasse.

Non, aucune solution. Car il n'y a pas les matières premières pour toutes les bagnoles dont rêvent les fous que nous sommes (presque) tous. Ni assez d'espace. Ni assez de routes. Ni assez de parkings. Ni assez de terres agricoles à sacrifier. Et nous devons faire face, au milieu de ce pandémonium, à la pire crise de l'histoire humaine, car elle est cette fois globale, planétaire, inévitable : je parle du climat, cela va de soi.

La bagnole est donc morte, mais brûle encore de tous ses feux. À cause de nous, en très grande part. À cause, en très grande part, de ce rêve grandiose né voilà deux siècles, qui accordait à l'individu la liberté, les libertés, et le droit de les exercer sans contrôle sur la nature et ses animaux-machines. La fête est terminée.

Un crash test mondial ?

Il faut tout repenser, jusqu'à la si fameuse mobilité, ce droit apparemment inaliénable accordé par les tour-opérateurs à leurs clients du monde entier. C'est tragique, oui, mais il faut repenser la liberté. Non pour la faire disparaître, mais pour lui donner une chance de survivre. Je ne suggère pas d'imposer la dictature, je nous conjure de nous donner les moyens d'un avenir possible, désirable, ouvert, digne, démocratique.

Démocratique, oui. Mais la démocratie d'antan ne pourra plus tenir bien longtemps sans une redéfinition drastique des droits et des devoirs de chacun. Sans la proclamation flamboyante d'une déclaration universelle des devoirs de l'homme. Ceux qui s'accrochent au droit supposé des humains à rouler en bagnole d'un bout à l'autre de la terre, de passer d'un avion au suivant pour aller conclure une affaire de plus ou admirer le coucher du soleil sur Manhattan, ceux-là sont des irresponsables. Et, à la vérité, je pense bien pire.

L'impensé radical que représente la bagnole met à bas bien des représentations du monde venues du siècle des Lumières. C'est un fait. Deux siècles d'histoire politique et de rêve philosophique s'achèvent dans la tourmente. Je sais bien que la plupart sont désormais incapables d'imaginer un monde qui ne serait plus dominé par cet engin. Et alors ? Ou il poursuivra sa route, qui se terminera sur un crash test mondial. Ou nous tenterons, poussés par la nécessité, de tourner la page.

Pour commencer à refuser la bagnole, nul besoin d'être bien nombreux. D'ailleurs, ce serait impossible. Mais il faut avant tout écrire cette vérité essentielle : la bagnole est l'ennemie du genre humain. La folie sociale qui s'est emparée de tant d'esprits provoque sous nos yeux une nouvelle catastrophe appelée biocarburants. C'est une infamie, je crois l'avoir montré. Elle menace de mort immédiate ou différée des hommes, des espaces, des espèces. Elle essaie de nous prendre cette diversité sans laquelle nous ne sommes rien. Ce qui reste de l'ancienne beauté du monde mérite que nous nous battions, de toutes nos forces fragiles. L'industrie et ses servants, dont nous sommes, à coup certain, sont prêts à tout pour continuer cette funèbre odyssée. Nous avons donc besoin d'une rupture franche. Pour tout dire, d'une révolution intellectuelle, spirituelle, morale. Inutile de chercher des mots, d'ailleurs, car un seul s'impose réellement. Et c'est le plus beau : résistance. Résistance !

Post-scriptum

L'amie américaine et le Grenelle de l'environnement

Malgré ses apparences premières, cet ultime ajout n'est pas franco-français, mais plutôt franco-américain. Et même planétaire, comme on le verra finalement. Je veux vous dire deux mots d'un rendez-vous connu sous le nom de « Grenelle de l'environnement », qui doit avoir lieu, à l'instant où j'écris, vers la fin du mois d'octobre 2007, à Paris. Audacieusement calqué sur le Grenelle de 1968, au cours duquel les syndicats aidèrent le gouvernement à tourner la page de Mai, il devrait permettre, selon ses promoteurs, d'aborder certains dossiers lourds de la crise écologique.

Négociera-t-on réellement ? Verra-t-on reculer les lobbies de toujours, parmi lesquels celui de l'agriculture industrielle est l'un des plus puissants ? Je garde pour moi ce que j'en pense, car les faits parlent d'eux-mêmes. Il me suffira d'évoquer la personne de Christine Lagarde. Qui est-elle ? Une femme qui a fait toute sa carrière professionnelle aux États-Unis, où elle est parvenue à diriger le comité stratégique d'un des plus grands cabinets d'affaires du monde, Baker et McKenzie.

Cela vous pose, pas de doute : ce cabinet emploie des milliers d'avocats présents dans des dizaines de pays et traite avec les plus puissants de la planète, transnationales en tête. En 2005, notre très fameuse businesswoman a accepté d'entrer dans le gouvernement dirigé par Dominique de Villepin au poste de ministre déléguée au Commerce extérieur. En mai 2007, après la victoire de Nicolas Sarkozy, elle est devenue ministre de l'Agriculture, puis ministre de l'Économie et des Finances. Notre si sympathique président ne tarit pas d'éloges sur elle, au point qu'une rumeur insistante fait de Christine Lagarde un futur Premier ministre de la France.

Oui, mais qui est-elle ? Je ne parlerai pas ici du rôle important joué par Baker et McKenzie dans la destruction active du monde. Une encyclopédie situerait peut-être la responsabilité de cette authentique Internationale du business. Mais enfin un point particulier mérite d'être souligné. Baker et McKenzie intervient directement dans le dossier des biocarburants, et nullement à la marge. L'un de ses hauts dirigeants, Eric Sievers, vient de participer à l'élaboration d'un document qui servira de cadre aux discussions de l'Organisation mondiale du commerce (OMC) sur le sujet. Excusez du peu. Il appartient par ailleurs à un considérable groupe de pression financé par l'industrie et les banques, le Renewable Energy and International Law Project.

Mme Lagarde, qui fut donc la patronne de Baker et McKenzie jusqu'en 2004, ne saurait ignorer le poids croissant des biocarburants dans le chiffre d'affaires mondial du cabinet. En 2006, puis en 2007, ce dernier a réussi à monter de somptueux *deals*, comme on dit, pour Goldman Sachs et Jefferies, mais aussi pour notre bonne vieille Société générale. Laquelle s'est lancée dans le soutien financier, via Baker et McKenzie, à la construction d'une usine géante de bioéthanol à Hereford, au Texas. Coût du projet : 250 millions de dollars.

Ces gens sont fiers, on le comprend. Voici ce qu'ils écrivent d'eux-mêmes : « *We have worked on market-defining transactions throughout the United States and in Asia, South America and Europe. Our extensive experience working on biofuels transactions means that every project receives the benefit of lawyers who know the industry, the players and how to get deals done*[1]. » Comme il est dit, l'activité de l'ancien cabinet de Christine Lagarde est mondiale, et, grâce à ses avocats qui connaissent si bien l'industrie et les *players*, les affaires marchent.

Preuve entre cent autres : du 12 au 14 mars 2007 se tenait à l'hôtel Hilton de Carthagène (Colombie) un grand colloque sur les biocarburants. Carthagène ! L'histoire sait se montrer facétieuse. C'est dans cette ville côtière, en effet, que fut rassemblé pendant quatre siècles l'or du pillage des empires aztèque et maya avant d'être envoyé en Espagne. Et la ville fut longtemps un centre mondial de la vente d'esclaves.

Carthagène, donc. En ces jours de mars 2007, dans les locaux climatisés du palace, on discute avec passion des moyens d'étendre la production d'éthanol, du Brésil aux États-Unis, en passant par la Colombie et l'Argentine. Parmi les intervenants, Andres Williamson, de Baker et McKenzie. À chaque interruption de séance, les rafraîchissements sont offerts par Baker et McKenzie. Si. Et les sponsors de l'opération s'appellent Petrobras, Biofuels Marketplace, Chemicworld, Industrial Biotechnology, Business News America, Syngenta. Sans oublier, vous l'auriez deviné seuls, Baker et McKenzie.

On ne s'étonnera guère, dans ces conditions, que Mme Lagarde soutienne de bon cœur les biocarburants. On trouve ainsi, parmi d'autres envolées, une singulière déclaration tenue devant le Sénat en novembre 2005. Christine Lagarde est alors ministre du Commerce extérieur, et au moment de préciser quelles sont, selon elle, les priorités industrielles de la France, elle commence comme suit : « Nous devons maîtriser l'offre et la demande d'énergie qui sont déjà, et seront plus encore à l'avenir, un enjeu de compétitivité. C'est la

1. La page d'accueil sur le Net, en anglais, se trouve à : www.bakernet.com. Il faut ensuite beaucoup de patience pour retrouver la citation, mais on y arrive. Et l'on peut lire à sa suite la liste très instructive des affaires traitées par Baker et McKenzie autour des biocarburants.

raison pour laquelle nous accélérons le développement des biocarburants[1] [...].» Même le nouveau réacteur nucléaire EPR, que Mme Lagarde soutient vivement, n'est cité qu'en deuxième position. On voit.

Devenue ministre de l'Agriculture au printemps 2007, elle persiste et signe. Le 30 mai, dans une communication au Conseil des ministres, elle déclare que l'agriculture «assure à notre pays son indépendance alimentaire et contribuera, à terme, à notre indépendance énergétique grâce au développement et à la diffusion des biocarburants[2]». Je ne doute pas, pour ma part, qu'elle poursuivra à l'Économie les mêmes efforts en faveur de ses protégés, les biocarburants.

J'ajouterai un détail fort éclairant. Christine Lagarde a été membre, tandis qu'elle travaillait si dur aux États-Unis, d'un *think tank* très marqué à droite, le Center for Strategic and International Studies (CSIS). Elle n'est pas la seule, notez bien : Kissinger, l'ami du Chili démocratique, Zbigniew Brzezinski, James R. Schlesinger, Arnaud de Borchgrave, le bon camarade du révérend Moon, en sont eux aussi. Bush Junior y a trouvé, pour notre grand bonheur, un certain Dick Cheney, devenu par la suite vice-président des États-Unis. Après avoir été patron de la société Halliburton, pour laquelle la destruction sur pied de l'Irak a été un enchantement. Et le méconnu Harlan Ullman en est un membre émérite. Cet ancien amiral est, on le sait peu en France, l'inventeur d'une bonne part de la stratégie de Bush en Irak. C'est lui, par exemple, qui a forgé l'expression *«Shock and Awe»*, socle de l'invasion. Mal traduite par «choc et effroi», elle signifie en réalité choquer par la terreur, une terreur mêlée d'admiration.

Bref. Le CSIS est un haut lieu de la pensée néocon – néo-conservatrice –, qui a déferlé outre-Atlantique après 2001. On y discute stratégies industrielles, guerre des civilisations,

1. www.senat.fr/basile/visioPrint.do?id=qSEQ05110557G.
2. www.agriculture.gouv.fr/spip/leministere.leministrelecabinet.communiques depresse_a7035.html.

crise du pétrole, vente de matériel high-tech, y compris militaire, et bien entendu biocarburants. Outre quelques célébrités, le CSIS abrite quantité de capitalistes de très haut rang et d'agents des services de renseignement.

Ce dernier point ne saurait étonner, car le CSIS a été créé en 1962 par un croisé de l'Occident, grand personnage de la CIA, présent sur tous les fronts de la guerre froide : Ray Steiner Cline. Un autre livre serait nécessaire pour raconter ses admirables aventures. Mme Lagarde, en tout cas, n'a pas oublié ce qu'elle doit au CSIS. Le 7 avril 2006, ministre de la République, elle offrait à ce dernier, à Washington, un magnifique discours en anglais intitulé : *« France, a paradise for foreign investors ? »* Je m'interroge sur la raison de ce point d'interrogation. Car, d'évidence, pour Mme Lagarde, la France est bien un paradis pour les investissements transnationaux.

J'isole de son propos cette phrase, qui vient après l'exaltation de la politique française : *« With a 3-year budget of € 1.5 billion in the form of tax breaks and reduced social security charges, this program embraces all areas of innovation from on-board electronics to biofuel, from nanotechnologies to gene therapy and from digital technologies to agricultural innovation. »* La France consacrerait donc 1,5 milliard d'euros en trois ans à l'innovation. Et vous noterez que les biocarburants – *biofuel* – sont au centre du dispositif.

Mais assez causé, car Mme Lagarde nous attend pour un coup de grâce. Cœurs sensibles, arrêtez là votre lecture, je vous le conseille. Le 10 juillet 2007, notre ministre de l'Économie a commis un extraordinaire discours, un de plus, un de trop, devant l'Assemblée nationale de la République française. Il s'agit ce jour-là de galvaniser les députés, de les convaincre que tout sera fait pour relancer la croissance et créer de nouveaux emplois. Ce qui n'est pas simple, on en conviendra. Aussi bien, Mme Lagarde se lance dans une prodigieuse exhortation, dont j'extrais de nouveau une phrase, celle-ci : « Que de détours pour dire une chose au fond si simple : il faut que le travail paye. Mais c'est une vieille habitude nationale : la France est *un pays qui pense*. Il n'y a guère une idéologie dont nous n'avons fait la théorie. Nous possédons dans nos bibliothèques de quoi discuter pour les siècles à venir. C'est pourquoi j'aimerais vous dire : assez pensé maintenant. Retroussons nos manches. »

Je vous jure que l'italique dans le texte n'est pas de moi, mais d'elle. La France est *un pays qui pense*, ce qui est mal. Car il ne faut pas penser, il ne faut plus penser. À l'égal des soudards de tous les temps, à l'instar de Napoléon, grand homme s'il en est, « on s'engage et puis on voit ». Telle est la philosophie de combat qui commande désormais, de nouveau, la politique de notre pays.

Mais il y a encore pire à mes yeux. Car cette invraisemblable détestation de l'intelligence – et donc de la complexité – me rappelle un épisode resté fameux pour quelques-uns d'entre nous. Le 12 octobre 1936, une cérémonie a lieu dans un amphithéâtre de l'université de Salamanque, dans la zone contrôlée par les putschistes et fascistes du général Franco. La guerre civile espagnole a trois mois, et l'on fête en ce jour sinistre la pureté de la « race ». Miguel de Unamuno, philosophe chrétien et recteur de l'université, est présent, par obligation. La salle est pleine de soldats de la Légion, les célèbres *tercios*, et de phalangistes, extrémistes parmi les extrémistes. Ces satrapes sont commandés par un général franquiste mutilé, Millán Astray.

Des cris épouvantables se font entendre, dont le si célèbre : *¡Viva la muerte!* Alors Unamuno parle, au milieu des mitraillettes : « Je viens d'entendre le cri nécrophile "Vive la mort !", qui sonne à mes oreilles comme "À mort la vie !". Et moi qui ai passé ma vie à forger des paradoxes qui mécontentaient tous ceux qui ne les comprenaient pas, je dois vous dire avec toute l'autorité dont je jouis en la matière que je trouve répugnant ce paradoxe ridicule. [...] Une chose encore. Le général Millán Astray est un invalide. Inutile de baisser la voix pour le dire. Un invalide de guerre. Cervantès l'était aussi. Mais les extrêmes ne sauraient constituer la norme. Il y a aujourd'hui de plus en plus d'infirmes, hélas, et il y en aura de plus en plus si Dieu ne nous vient en aide. Je souffre à l'idée que le général Millán Astray puisse dicter les normes d'une psychologie des masses. Un invalide sans la grandeur spirituelle de Cervantès, qui était un homme, non, un surhomme, viril et complet malgré ses mutilations, un invalide, dis-je, sans sa supériorité d'esprit éprouve du soulagement en voyant augmenter autour de lui le nombre des mutilés. »

On entend alors un nouveau cri, repris en chœur. Certains pensent qu'Astray lui-même en a donné le signal : *¡Abajo la inteligencia!* À bas l'intelligence ! Unamuno y répond aussitôt : « Cette université est le temple de l'intelligence et je suis son grand prêtre. Vous profanez son enceinte sacrée. [...] Vous vaincrez, mais vous ne convaincrez pas. Vous vaincrez parce que vous possédez une surabondance de force brutale, vous ne convaincrez pas, parce que convaincre signifie persuader. Et pour persuader, il vous faudrait avoir ce qui vous manque : la raison et le droit dans votre combat. Il me semble inutile de vous exhorter à penser à l'Espagne. J'ai dit. »

Ce texte est sublime, mais je dois pourtant ajouter un commentaire. Je ne crois pas une seconde que Mme Lagarde soit si peu que ce soit une fasciste. Je suis tout à fait certain qu'elle défend avec sincérité le monde libéral, moderne et démocratique dans lequel nous vivons. Et je ne la soupçonne nullement, en conséquence, de vouloir s'en prendre aux élections. D'ailleurs, ce serait mauvais pour les affaires. Pourtant !

Pourtant, cette invite obscène à cesser de penser fait horreur. Tout comme m'horrifie cette prétention à faire de la France un pays neuf. À partir d'un diplôme de droit social, d'une bonne connaissance de l'anglais et de la fréquentation assidue des voyages transatlantiques en première classe. Mme Lagarde ne connaît du monde que ce que ses origines sociales lui ont permis d'en voir : des salons VIP, des hôtels de luxe, des repas excellents, des hommes élégants, des femmes parfumées, des comptes en banque fabuleux. Et elle déteste l'intelligence.

Où veux-je en venir ? À un constat qui ne m'amuse guère. La barbarie est de tout temps et ne dédaigne aucun visage, si aimable soit-il. Mme Lagarde incarne une nouvelle politique, assurément. Celle de M. Bush inventant des armes de destruction massive pour entraîner le monde dans la défense des intérêts américains. Celle de M. Berlusconi, ancien membre de la loge P 2, qui refuse même d'expliquer d'où il a tiré son étonnante fortune. Celle de M. Sarkozy, qui s'appuie sans trop s'en vanter sur ces grands républicains que sont Patrick Balkany ou Alain Carignon. Qui transforme en opération humanitaire la vente d'armes et de nucléaire au dictateur professionnel Kadhafi.

J'ai été sidéré autant qu'épouvanté par le discours de Nicolas Sarkozy, le 26 juillet 2007, devant l'université de Dakar. Il devrait être cité intégralement, mais à quoi bon ? Voici le passage qui me heurte le plus :

« Le drame de l'Afrique, c'est que l'homme africain n'est pas assez entré dans l'histoire. Le paysan africain, qui depuis des millénaires vit avec les saisons, dont l'idéal de vie est d'être en harmonie avec la nature, ne connaît que l'éternel recommencement du temps rythmé par la répétition sans fin des mêmes gestes et des mêmes paroles.

« Dans cet imaginaire où tout recommence toujours, il n'y a de place ni pour l'aventure humaine, ni pour l'idée de progrès.

« Dans cet univers où la nature commande tout, l'homme échappe à l'angoisse de l'histoire qui tenaille l'homme moderne, mais l'homme reste immobile au milieu d'un ordre immuable où tout semble être écrit d'avance.

« Jamais l'homme ne s'élance vers l'avenir. Jamais il ne lui vient à l'idée de sortir de la répétition pour s'inventer un destin. »

Oh, rassurez-vous, je ne vais pas me faire l'exégète d'un tel discours. Ce texte est insupportable dans sa totalité. Je me contenterai d'un mot : dans l'esprit d'un Sarkozy, le progrès technique est synonyme de bonheur. Et nul doute que les biocarburants chers au cœur de Mme Lagarde sont appelés à jouer un grand rôle dans l'aide « désintéressée » à l'Afrique, perdue dans ses éternelles répétitions, inapte à l'« aventure humaine ».

Tiens, la bile me monte aux lèvres. Au fait, Mme Lagarde est-elle une barbare moderne ? Chacun trouvera la réponse qui lui convient. On connaît la mienne. Derrière les falbalas, elle représente de toute manière le véritable pouvoir. Rien n'y fera. Ni les sourires de Jean-Louis Borloo, improbable ministre de l'Écologie. Ni les discours de Nathalie Kosciusko-Morizet, secrétaire d'État. Les biocarburants sont l'avenir du monde. Le leur. Pas le mien.

Table des matières

Cet ouvrage a été composé en Times par Palimpseste à Paris

Pour l'éditeur, le principe est d'utiliser des papiers composés de fibres naturelles, renouvelables, recyclables et fabriquées à partir de bois issus de forêts qui adoptent un système d'aménagement durable.
En outre, l'éditeur attend de ses fournisseurs de papier qu'ils s'inscrivent dans une démarche de certification environnementale reconnue.

Impression réalisée sur CAMERON par
BRODARD ET TAUPIN
La Flèche

pour le compte des Éditions Fayard
en novembre 2007

Imprimé en France
Dépôt légal : novembre 2007
N° d'édition : 95730 – N° d'impression : 44312
35-57-3707-3/03

Imprimé en France